自分空間を整えれば
人生は好転する!

ひとり暮らし大全

LIFE WILL CHANGE FOR THE BETTER
IF YOU GET YOUR SPACE IN ORDER!

ALL ABOUT SOLO LIVING

こう

KADOKAWA

はじめに

若い頃は職場の異動が多かったこともあり、これまで11回の引っ越しを経験しました。あの部屋のああいうところは快適だったな、という記憶とともに、あの部屋ではひどい目にあったな、といったマイナス面もよく思い出されます。そんな苦い経験の積み重ねもあるからこそ、「どういう部屋が理想のものなのか」、「どうすれば失敗を避けられるのか」といったことが、自分なりにわかってきた気がします。

私の本職は脳神経外科医であるため、部屋の状態が脳（心）に与える影響もある程度は説明できます。

副業として不動産投資を始めて、賃貸物件を所有するようにもなったので、経験や勉強から学べたこともあります。大家としては、ひとり暮らし向きの部屋を購入して賃貸に出しているので、どういう部屋であれば空室にならないかを、自分なりに考えるようになりました。「選ばれる部屋はどういうものか」、「長く住んでもらうためにはどういう部分に気をつければいいか」がわかってきたのです。

入居者が退去する際の費用分担などについても、大家として正確に把握しています。次の引っ越しをしようとした際、敷金がまったく返ってこないどころか、原状回復費用として多額の料金を請求されて驚いたことがある人もいるはずですが、退去時の問題に関しては、大家としての知識からアドバイスできることはたくさんあります。

ひと言でいえば〝払わないでいいお金〟はすごく多い！　どういう部分が入居者負担になり、どういう部分が大家負担になるかは絶対に知っておくべきです。


借主としての個人的な経験も多いうえに貸主の立場にもなっているので、提案できること、警告できることは増えてきました。そのため「〝住民目線、大家目線、医者目線〟と、それぞれの立場から部屋づくりや引っ越しのために役に立つ情報を伝えていきたい」という気持ちがふくらんできました。２０２２年からはＸ（旧ツイッター）での発信を始めています。

ダイソーや無印良品《むじるしりょうひん》、ニトリなどの便利グッズのファンでもあるので、Ｘではその種のアイテムも紹介しています。

投稿に対する反応の多さには自分自身、驚きました。かなりの数の「いいね」が付いたり、リポストされたりするようになったのです。フォロワー数は10万人を超えて、今回の書籍出版にもつながりました。それだけこの種の情報を求めている人は多いのだと思います。

Xの記事を読んでくれている人のなかには、引っ越しに関して、さまざまな失敗をしてきた人もいるのだろうと想像されます。

私自身、部屋選びについては、さんざん失敗を繰り返してきました。

たとえば1階が鉄板焼きのお店になっているマンションの2階に住んだことがありました。お腹が空いたときにすぐに行けるから便利だなという感覚でした。しかし……、いざ住んでみると、ゴキブリがひどかったのです。便利だと思っていたはずなのに、その存在を知ってからはいちども1階の店には行かなくなったので、結局、いいことは何もなかった。〝1階が飲食店の物件は要注意！〟という話はXに投稿したこともあります。

欠点がある部屋に住んでいると、毎日が本当につらく感じられますが、理想的な部屋に住めていたなら逆です。

私は脳外科医を11年やって、その後、救急部門の専従医になりました。脳外科の手術も大変ですが、救急医療の現場はある種、戦場のようなものです。息をつく暇もないようなところで一日働いたあと、部屋に戻れたとき、どれだけの安心感や解放感を得られるか！

居心地のいい部屋がつくれていたなら「早く帰りたいな」と思えるものであり、仕事をしているあいだは、その後に控えている〝おうち時間〟を楽しみにして集中できます。

家に帰って玄関を開けたとき、好きなルームフレグランスの香りがしたら疲れも吹き飛びますし、お気に入りのソファに座ってテレビを見ながら晩酌するというひとときはきっと贅沢《ぜいたく》な時間のはず。寝心地のよいベッドであれば、リラックスしながら眠りにつくことができます。また、使い勝手のよいデスクがあれば、リモートワークの日でも集中して仕事に励むことができるはずです。

そんな自分空間を想像しただけで、オンオフ双方をいい時間にできそうですね。

理想の部屋で生活できているときの最大のメリットはこうした心理的安らぎを得られることです。それによりストレスを軽減でき、よく眠れるようにもなるので、心身に与える影響は非常に大きなものがあります。

20代、30代、中高年、高齢者と、ひとり暮らしをする人は増えています。

20代の人のなかには、寝られたらそれでいいと、部屋に対して多くを求めない人もいるのかもしれません。それでは知らず損です。理想の部屋づくりを心がけていれば、毎日がまったく違ったものになっていきます。20代では入退去時のトラブルに遭遇する経験をしたことがない人も多いのでしょうが、どういう問題があるかは早めに知っておくべきです。

30代の人は、ひとり暮らしを続けるうえでの曲がり角を迎えやすい。結婚願望がありながら未婚の人もいれば、最初から結婚する気がない人もいます。自分では独身主義者のつもりでいても、「このままの生活を続けていてもいいのだろうか」という迷いが生じやすいのも30代です。20代に比べれば、心の余裕がなくなっているということなのかもしれません。そういう時期であるからこそ、部屋の状況が心理面に与える影響も大きくなりやすい。ストレスを増やすような部屋のままにはしておかないほうがいいことは間違いありません。

40代以上の人にしても、あらためて部屋づくりを見直してみれば、新たな発見は少なくないはずです。ひとり時間を快適なものにしていくための工夫は多岐にわたります。

毎日をつらいだけのものにせず、仕事もプライベートも充実した毎日を過ごすために、ぜひ理想的な部屋づくりをしてほしい――。

そんな思いから、今回この本をまとめてみました。

引っ越しを考えている人にも、今住んでいる部屋をもっと快適な空間にしたいと思っている人にも役立つ情報が詰まっていると思います。ぜひ参考にしてください。

きっとあなたの毎日が変わるはずです。

ひとり暮らし大全 自分空間を整えれば人生は好転する！［目次］

第3章　ひとり暮らし部屋が整う住まいの知識　93

意識しておきたい　内見のイロハ 142

契約の前に知っておきたいこと 178

現在の住まいをスムーズに退去するには 189

装幀　菊池祐
構成　内池久貴
ＤＴＰ　エヴリ・シンク
本文イラスト　田渕正敏
編集　山田悟史
編集担当　小川和久（ＫＡＤＯＫＡＷＡ）

第1章

住めば都は本当か？
理想の部屋を考える

「理想の部屋」を求めるべき時代

コロナ禍では多くの変化が起きました。

生活様式だけでなく部屋に対する意識もそうです。

特に、**テレワークが増えて在宅時間が長くなったことから〝居心地の良さ〟や〝仕事のしやすさ〟を多くの人が求めるようになりました。**

そんな社会の変化が発端となり、部屋の広さに対する考え方も変わりました。

コロナ前は20平米を切っている部屋（リビングは6〜8畳以下）でも入居希望者はたくさんいたのに、コロナ後は25平米（リビングはおよそ8〜11畳）くらいないと入居希望者が見つかりにくくなりました。家賃が上がることになっても**25平米くらいの広さを求めるようになった、**ということです。

不動産情報サイトのアンケートでも「部屋が広いほうが苦痛なくテレワークができる」という声が多く寄せられていました。部屋では寝られさえすればいいというイメージをもっていた若い会社員も、はっきりと意識を変えていたわけです。

さらに、コロナ禍では23区内にこだわらず郊外で広い部屋を探す人も増えました。郊外なら家賃も下がるので、通勤時間よりも快適さを優先していたのでしょう。

コロナが落ち着いてきてから23区内の賃貸物件の人気は戻ってきましたが、部屋に快適さを求める意識がなくなったわけではありません。

自分の部屋をどうするかということを以前よりも真剣に考えるようになった人が増えてきたのは間違いないはずです。

「早く帰りたい」と思えるだけでも毎日の生活はまったく違うものになってきます。

そういう日々を生み出してくれる〝理想の部屋〟を誰もが求めるようになったのです。

ノートパソコンを使ってカフェなどで仕事をするのを日課にしている人も増えましたが、効率面で考えればそれも疑問です。

必要になりそうな資料は持ち込むようにしていても、実際に作業を続けていれば「あの資料も必要だったな」となるケースも出てくるはずです。

カフェで仕事をするのは、落ち着く、気分転換になる、コーヒーがおいしい……などの理由があるのでしょう。ですが、結局のところ、自分の部屋を理想的なものにできていないためにそうしているわけです。

カフェに行けばお金もかかります。そんなムダを省く意味でも「仕事も部屋でやりたい」と思える環境づくりが大切になります。

どうすれば自分の部屋をより快適にできるかを考えることは、リモートワークの有無とは関係なく、誰にとっても大切なテーマになります。

東京23区では専有面積の最低限を定める「ワンルームマンション規制」が敷かれるようになったので、今後は狭いワンルームマンションを建てるのが難しくなります。その分、平均家賃が上がることになるので、借りた部屋をできるだけ快適な空間にしなければ、とてももったいないことです。

〝今の部屋は自分にとって理想的な空間になっているか〟

〝これから住むことになる部屋を理想的な空間にできるのか〟

そういったことをこれまで以上に考えるようになるのが自然な流れです。

「くつろぐ空間」、「仕事をする空間」、「眠る空間」を分けるのが基本！

具体的にはどういうところに注意すれば、理想の部屋に近づけるのでしょうか？

ひとり暮らしの人のほとんどは、ワンルームか1Kや1DKに住んでいるのだと思います。1LDK以上の部屋に住んでいる人は多数派ではないはずです。

ワンルームか1Kであれば、居住空間や寝室などがすべてひと部屋に集約されますが、1DKであれば、居間（リビング）と寝室を分けられます。

1DKでは、DK（ダイニングキッチン）部分をリビングにあてて、もうひと部屋を寝室にあてる人が多いのだと思います。

リモートワークがある人は、リビングの一画にワークスペースを設けるか、寝室の一画にワークスペースを設けるかを選択することになります。

いずれにしても、**1つの部屋か2つの部屋の中で「くつろぐ空間」、「仕事をする空間」、「眠る空間」の分け方**を考えるわけです。

一般的に生活の中心になるのがリビングです。リビングは、テレビを見るなどして普段の時間を過ごす部屋のことです。本来なら食事をする場所や眠る場所とは分けて考えますが、都心のひとり暮らしであればなかなかそうはいきません。

ワンルームや1Kであれば、リビングを完全に独立させるのは難しいので、ダイニングを兼ねた空間とみなす場合が多くなります。そのうえで「仕事をする空間」、「眠る空間」を考えていくことになるわけです。

ある程度の広さがなければ空間分けは難しくなるものの、そういうなかで部屋の選択や部屋づくりの工夫をしていくことになります。

「プライベート空間」がもつ意味

理想の部屋をつくることができていた場合、もっとも大きいのは心理的安らぎを得られることだと「はじめに」でも書きました。

ストレスから解放されてリラックスできる避難所のような空間にできるので、通勤している人であれば「早く帰りたい！」と思うようになります。

それだけ仕事がはかどります。

リモートワークがあるならなおさらです。気分よく仕事ができているかどうかは大きな違いになってきます。

最近は〝プライベート空間が心理的にどのような意味をもつか〟という研究も進められています。

たとえば、筑波《つくば》大学に在籍していた泊真児《とまりしんじ》先生と吉田富二雄《よしだふじお》先生による『プライベート空間の心理的意味とその機能』という論文によれば、プライベート空間には**「情緒的解放」**、**「保全性」**、**「知的活動」**という要素があり、それぞれについて次のような機能を有しているといいます。

情緒的解放としては、「緊張の解消」、「気分転換」、「日常的役割からの解放と自己開発」。

保全性としては、「自己保全（個人的な情報を漏らさないこと）」、「自己概念の安定（家族や友人、同僚などとの親密かつ率直なコミュニケーション）」。

知的活動としては、「課題への集中（仕事、読書、勉強などの課題志向的な活動）」、「自己注目（自己分析を行ったり、自分の内面の不均衡を調整するような活動など）」です。

このなかでもやはり注目したいのは**「課題への集中」**と**「緊張の解消」**、**「気分転換」**という部分になるのではないでしょうか。

リモートワークが行われるようになったことで、知的活動を行う空間としての機能が強く求められるようになりました。

だからこそ、**知的活動（仕事）に集中できる環境と、仕事を離れたときにリラックスできる環境の両面が求められるわけです。**

ワンルームなどでも「衝立《ついたて》」を置いて、空間を物理的に分割する人も増えています。衝立を置くかどうかはともかく、気持ちを切り替えられる空間づくりができているかが問われてくるのは間違いありません。

理想の部屋をつくるメリット

うまく空間分けができているか？

雑然とした部屋になっていないか？

それができているかどうかで毎日が変わる、生き方が左右される、と言っていいのではないかと思います。

整った部屋にできていれば、自己肯定感をもつことにもつながります。

私の場合、もともと片付けがかなり苦手で、学生時代に暮らしていた部屋などはずいぶん散らかっていました。しかし、部屋を片付けることを意識するようになり、理想の部屋と現実の部屋のギャップが埋まってくると、「自分にもやれるんだ!」という達成感を得られました。その積み重ねが成功体験になり、自己肯定感になっていきます。

私は認知症の専門医資格も取っています。経験的にいって、**部屋の掃除などをしたがらない人は認知機能が低くなりやすい傾向**が見られます。「遂行機能」といいますが、ルーティンなどを決めてそのとおりに掃除などができている人は認知機能が落ちにくいものです。そういう意味でも20代、30代のうちから常に部屋をキレイにする習慣をつけておくことは大切です。

何かの習慣化ができると、他のことでも習慣化できるのではないかと思えるものなので、前向きになりやすい。ポジティブ思考も促進されます。

そもそも空間が整理されていると、**心理的な余裕**が生まれやすいものです。ディスカウントストアのドン・キホーテのようにさまざまな商品がすきまなく積み上げられている「圧縮陳列」が好きな人もいるでしょう。お店ならよくても生活空間となれば話は別です。部屋がドン・キホーテのようになっていれば、普通は圧迫感を受けて、心理的な余裕をなくします。

先にも書いたように、余計なものが目に入ってこない整然とした部屋のほうが視覚的なストレスが減って脳に負担がかからないものなのです。

空間をうまく分けられたなら、**それぞれのタスクの進行はスムーズ**になります。焦燥感や不安感がなければ**仕事上のストレスにも冷静に対処**できるようになります。そうなってくれれば、寝つきもよくなり、**眠りの質も向上**します。翌日の目覚めがよければ、またパフォーマンスがあがります。理想の部屋が導いてくれるのは、そういう好循環です。

部屋に住む自分をイメージする

理想の部屋をつくるといっても、何から始めたらよいのかわからないですよね。まずは、ひとり暮らしの部屋でどんな生活をしたいのか考えてみることから始めましょう。就寝時はベッドが欲しいのか、リビングにソファはいらないか。リモートワークをしている人であれば、仕事机が欲しいか、静かな環境のほうがはかどるのか……。そんなことを具体的に考えていくことで、自分が何を優先したいか、何を妥協できるかが見えてきます。

寝室は4畳半でも大丈夫なのか？

部屋にベッドを置くことを想像してみてください。

個人的にベッドは、**ひとり暮らしであってもセミダブルサイズを推奨**しています。セミダブルの一般的なサイズは、幅120センチ×長さ195センチです。シングルベッドの幅は97センチくらいなので、寝ている感覚はずいぶん違います。

男性の平均的な体格を考えれば、シングルベッドで寝返りを打てば、落ちてしまいやすい。セミダブルであれば、真ん中に寝ていれば左右に寝返りを打てます。安心感の違いは大きく、眠りの質にも関わります。

4畳半レベルの部屋にセミダブルベッドを置けば、それだけでかなりの圧迫感になってしまいます。ただ寝るだけの部屋にしない限り、**寝室には最低でも6畳（約10平米）は欲しい**ことになります。

欲をいえば寝室は8畳（約13平米）ある部屋に設定したいですし、そうなると部屋の総面積は20～25平米になります。

8畳あれば、セミダブルベッドの脇にテレビボードも置けます。最近は部屋にテレビを置かない若い人も増えていますが、ひとつの部屋にベッドだけを置いて終わり、ということにはなかなかなりません。セミダブルのベッドを置いたうえで、その脇にはテレビボードを置くのか、パソコンデスクを置くのか……。そういったことを最初に考えていく必要があります。

部屋の大きさは、あとから変えられるものではありません。部屋の広さやレイアウト

1DKと1LDKで部屋の役割を考える

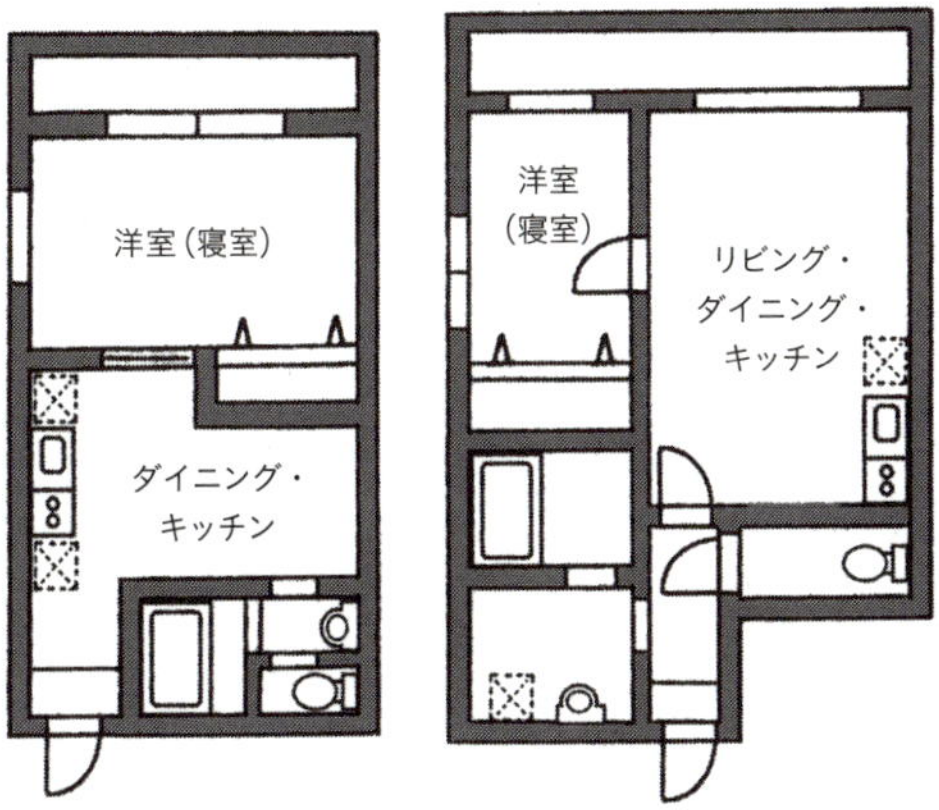

1DK（左）では洋室が寝室に、DKがリビング。ワークスペースはどちらかの部屋につくることとなる。1LDK（右）ではワークスペースも十分に確保できる広さのため快適。

をどうするかということは、部屋選びの段階でとことん慎重になっておく必要があります。

どの部屋をどの空間に割り当てるかを考えながら部屋選びをするのが望ましい順序です。

視覚効果と家具の配置

広さのほかに**「視覚効果」**も考えておく必要があります。

壁紙の色でいえば、とにかく無難なのが白です。

お洒落《しゃれ》なイメージを出すために濃いグレーなどの壁紙を使っている部屋もあるものの、それだけでも部屋はずいぶん狭く感じられます。

壁紙が白だと、部屋が広く見え、解放感が生まれます。

グレーであっても〝薄いグレー〟であるなら、視覚効果は白に近くなります。

壁の色は部屋全体の雰囲気や印象を変えるので、好きな色を選ぶよりも、白や薄めの色を選んでおくのがおススメです。

フローリングも最近は明るい色のものが増えてきました。それもやはり解放感と関係しているのでしょう。

ダーク系のフローリングは傷が目立ちやすく、修繕しても誤魔化しにくい。退去時に大家さんとモメないためにも、明るい色のフローリングを選んだほうが無難です。

私の専門である「脳」の観点からいえば、**目に入ってくる情報が多いほど脳は疲れやすいことがわかっています。**デイトレーダーのようにパソコンを複数台並べていると、脳疲労が起きやすく、長い時間、集中を続けるのが難しくなります。

そういう意味でいっても目移りしにくい背景やレイアウトにすることが大切です。

デスクなどの**主要家具の配置**もよく考える必要があります。デスクの向きによっても、集中できるか、落ち着けるかが変わってきます。

窓や部屋の入り口との位置関係に左右されるところも大きいといえます。窓に向き合うか、窓が右側か左側にくるようにするか。最初から決めつけてしまうのではなく、それぞれ試してから決めるのもいいでしょう。

デスクの配置によって他の家具の置き方も変わってくるので、家具などを最初からすべて揃えてしまうことにはリスクがあります。

その意味でいっても、**最初は最小限の家具から生活をスタート**させるのもいいでしょう。

ミニマリストになることを勧めるわけではありません。しかし、最初からなんでも揃えすぎると〝いらないモノ〟や〝置き場所に困るモノ〟が出てきます。

家具などにしても、あまり慌てず、必要に応じてレイアウトを考えながら配置していくのがいいのではないかと思います。

浴室やキッチンをどう考えるか

3点ユニットバス（バス、トイレ、洗面台が同じ空間に配置されているタイプ）の部屋も、最近は敬遠されがちです。

トイレとバスが同じ空間にあるのは快適ではない、カビが生えやすい、トイレットペーパーが湿っぽくなりやすい、といったことが理由として挙げられます。

広々とした洗面台の有無も重要ポイントになります。

独立洗面台がなく、バス、トイレ、洗面台の3点ユニットバスだったり、バスと洗面台が一体化した2点ユニットバスだったりすると、「歯磨きや洗顔がしにくい」と言う人もいます。

独立洗面台の有無は家賃にも関係してきますが、たとえ家賃が上がっても独立洗面台が欲しいと考える人は増えているようです。

キッチンを重視して、「コンロは2口欲しい」と言う人もいます。

ただそこは生活スタイル次第になる部分です。

私の経験からの判断にはなりますが、ひとり暮らしで料理をする人はそれほど多くはありません。初めてのひとり暮らしなので自炊もやっていこうと思っていた人でも、いざとなるとなかなか料理らしい料理はしないものです。

そうだとすれば、立派なキッチンがあるために家賃が高い、というような部屋に住んでも仕方がありません。

最初から**キッチンは重視しない部屋選び**をすればいいのです。

〝部屋の顔〟の印象は変えられない

構造や立地の問題だけでなく、印象の部分も大切です。

玄関を開けて中に入った瞬間に受ける印象は軽視すべきではありません。

照明やインテリアなどを使えばなんとでもなると思っている人もいるかもしれませんが、玄関を開けて中に入ったときの印象は基本的に変えられません。それなりに工夫はできても、限度があると考えておいたほうがいいでしょう。

できれば避けたいのは、玄関ドアを開けると、リビングまでが丸見えになってしまう

ワンルーム（左）と1K（右）の違いはドアの有無による

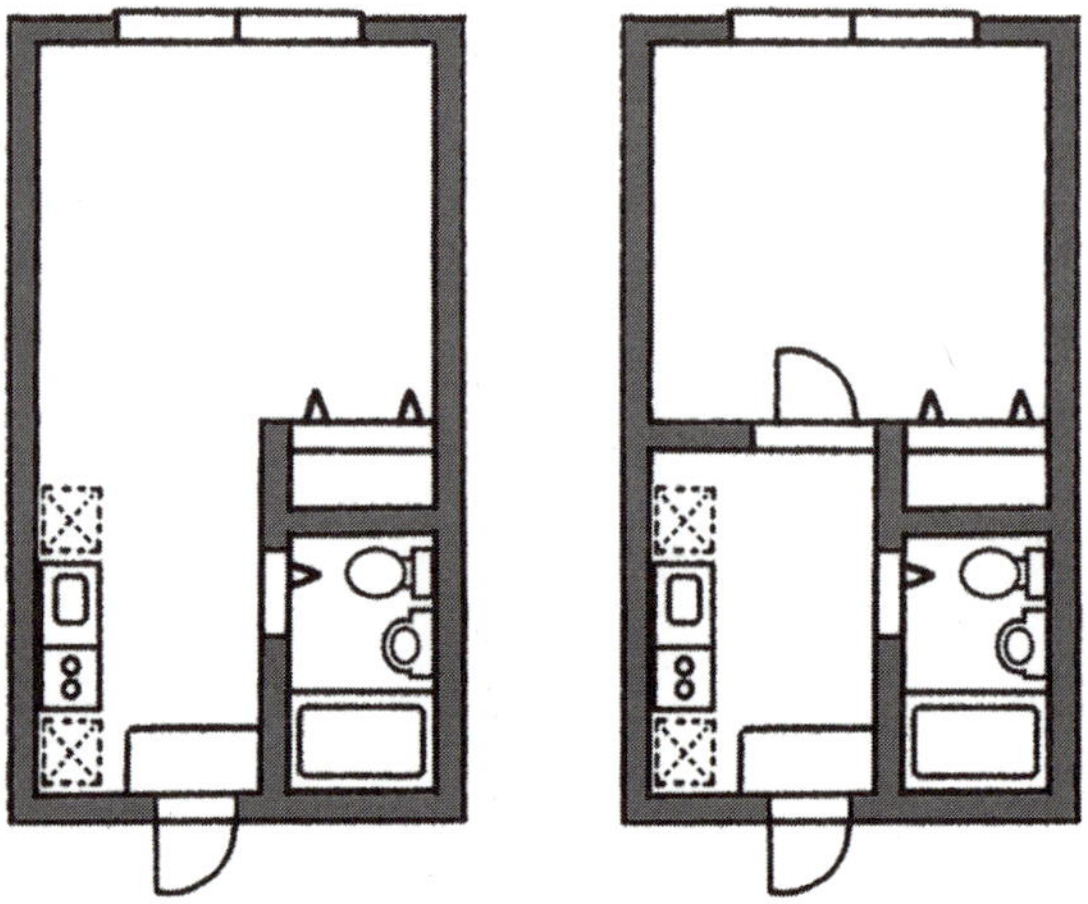

レイアウトです。暖簾《のれん》のようなものを付けて目隠しをするなどの工夫はできるにしても、玄関と次の部屋のあいだにドアがあったほうがいいのは確かです。目隠しになるだけでなく、外廊下の音が入ってきにくくなり、暖房や冷房の効率も良くなります。

　意外と知られていないことですが、**ワンルームと1Kで、部屋の広さやレイアウトがまったく変わらないことがあります。**

　何が違うかといえば、玄関横のキッチンとリビングのあいだにドアがあるかどうかということ。ドアがあれば、キッチンが独立しているとみなされるわけです。

それだけでワンルームが1Kになり、家賃があがるのは納得できない、と考える人もいるでしょう。しかし、このドアが重宝されるので、どちらを選ぶかはよく考えたいところです。

玄関から入ってすぐにトイレがあるレイアウトになっている部屋もあります。こうした場合も気分的にはあまり良くないと思います。

ワンルームや1Kでは大抵の物件がそうなので仕方ありませんが、1DK以上の物件であれば考えてみてもいいかもしれません。

お客さんが来たとき、リビングのドアを閉めて、距離感をもって用を足せるのはいいにしても、トイレのたびに玄関口まで行くことには抵抗を感じる人もいるようです。

住んでみると見えてくるお部屋の現実

お住まいの部屋に入居したての頃を思い出してみましょう。内見をしたときと印象が変わったことや、当時は気にならなかったけれど住んでみて気になってきたことはありませんか。これはお部屋のあるあるなのですが、住んでみないとわからない〝お部屋の現実〟はあるのです。しかし、事前に住宅についての知識があれば、住みよい環境を手に入れることもできます。

防音性を重視するなら鉄筋コンクリート造の一択

住環境としての快適さを求めるなら「鉄筋コンクリート造」に絞って考えるべきです。建物の構造は、鉄筋コンクリート造（＝ＲＣ造）、鉄骨造（軽量鉄骨造、重量鉄骨造）、木造などに分かれます。

耐震性や防音性（遮音性）からみれば、「鉄筋コンクリート造↓鉄骨造↓木造」の順に

なるものと考えておけばいいでしょう。

防音性に関しては、鉄骨造と木造では、あまり変わらない場合もあります。防音性を重視するなら、鉄筋コンクリート造一択になるといってもいいくらいです。

最近はデザイナーズマンションに近いお洒落なアパートが建てられるようにもなっていますが、木造では、隣の部屋の声が丸聞こえになってもおかしくありません。

参考のために書いておけば、建物がマンションになるのかアパートになるのかという明確な定義はありません。**3階建て以上の鉄筋コンクリート造の集合住宅をマンション、2〜3階建ての木造もしくは鉄骨造（軽量鉄骨造）の集合住宅をアパートと呼ぶのが一般的**です。海外では、日本でいうマンションもおよそapartment（アパートメント）としてまとめられます。

周囲の環境、インターネット環境にも注意！

音が気になる人は、近くに学校があるような物件、あるいはペット可物件なども避けたいところです。

学校が近くにあると、校庭に流れるアナウンスや通学している子供たちの声が部屋には想像以上に入ってきやすい。日中、部屋でリモートワークに集中したいという人は気になるかもしれません。

また、一日中、隣の部屋で犬が吠《ほ》えていたり、上の階で駆け回っていられたりすれば、相当なストレスになります。

鉄筋コンクリート造でも完全に音が遮断されるわけではないので、部屋選びの際にはこのような環境面にも注意すべきです。

個人的には、駅の近くがいいと考えて、駅のホームの高さにかなり近い位置にある部屋を借りたことがあります……これは失敗でした。

ベランダがホームと逆側なのでいいかと思っていたのに、換気扇から電車の音やホームのアナウンスがかなりの音量で入ってきたのです。

朝の通勤時間はとくに「電車が来ます！」「下がってください‼」といった注意のアナウンスがうるさくてたまらず、とても寝ていられなかった。それ以来、駅近くの部屋を借りる際には、ホームと部屋の高さは必ず確認するようになりました。

インターネット環境が整備されているということを売りにした物件も増えていますが、**速度が遅い、安定しない、といったことから使用に堪えないケース**も少なくありません。そのうえ、自分では回線を引くこともできない物件もあるので要注意です。

満足にネットが使えないのはリモートワークでは致命的です。

いざとなったら置くだけタイプのＷｉ－Ｆｉにすればいいと考えていたとしても、それも確実ではありません。都内などでも地域によっては置くだけタイプのＷｉ－Ｆｉは安定して使えない場合があります。

Ｚｏｏｍなどを使ったリモート会議（リモート打ち合わせ）には３～５Ｍｂｐｓ以上の通信速度が必要になると言われています。それではやや不安なので、できれば**下りで10～30Ｍｂｐｓ**くらいは欲しいものです。置くだけタイプのＷｉ－Ｆｉでも、理論上はこれくらいの速度は得られるはずですが、確実であるかはわかりません。

十分なインターネット環境が整っていなければ、引っ越し後すぐにまた引っ越しする必要が出てくることもあるので注意が必要です。

日当たりと水回り

日当たりの関係から、南向き、南東向きの部屋を勧められることが多いのですが**（南向きの部屋は日照時間が長く、南東向きの部屋は午前中の日当たりが良くなります）**、日当たりが良すぎるのも考えものです。

冬はよくても、夏場は部屋の中が暑くなりやすいからです。リモートワークをする場合、一日中、エアコンを点けっぱなしにすることも増えるので電気代がかさみます。

北向きは日当たりが悪く、西向きは西日が強いことが懸念材料になるので、**東向きがもっとも無難**ではないかと思います。

東向きの場合、朝日が入ってくるので、夜型の人には向かないにしても、早めの時間にすっきりと目覚めたい人にはおススメです。

マンションが密集しているような地域では、高層階でなければ、窓の向きに関係なく日当たりが悪い場合もあるので、そのあたりの注意も必要です。

窓が多いほうが部屋は明るくなるので、在宅時間が長いなら**角部屋が最適**です。ただし、角部屋は人気があるので、家賃が高めに設定されがちです。

夜勤がある人は、日中の日当たりがいい部屋だと睡眠がとりにくいということもあるかもしれません。しかし最近は、遮光カーテンにもいいものが増えています。

夜勤明けを考えるのであれば、まず職場から近い場所を選ぶこと。

夜勤明けに満員電車に乗る必要があったりすれば、相当な苦しみになります。また、近くに学校があるなどして日中さまざまな音で眠れない状況になるのも避けたいところです。

部屋選びの際、**盲点になりやすいのが換気の問題**です。

換気扇などの設備がしっかりしていないと、空気がこもりやすく、カビも生えやすくなります。気分的な問題や健康問題にも関わってくることがあります。

どういう換気扇がどこに付いているかということもよく見ておくべきです。

また、以前は玄関ドア前やベランダに洗濯機置き場がある物件も少なくなかったのですが、今ではそういう物件は敬遠されるようになっています。

洗濯のたびにわざわざ洗濯物を持って部屋の外に出なければならないからです。女性であれば、部屋の外に下着を持ち出すのも抵抗があるのではないでしょうか。

特に古い物件では、洗濯機置き場が部屋の中にあるかも確認しておきたいポイントのひとつです。

防犯面で不安はないか？

不安の少ない部屋であるかということも大切です。

ひとり暮らしをする人は東京、神奈川、埼玉、大阪、名古屋、福岡といった大都市にとくに集中しています。最近は郊外を狙った強盗なども増えてきたとはいえ、やはり都市部のほうが犯罪数は多くなります。

1階の部屋は窓から侵入されやすいこともあり、防犯を考えるなら避けたいところです。

また、**玄関ドアの「新聞&郵便受け」は、ないほうがいい設備の代表格**です。

郵便受けから中を覗《のぞ》こうと思えば覗けるうえ、いたずらや嫌がらせでごみなどを入れられることもあります。形態によっては、外から郵便受けに道具を差し入れて、鍵《かぎ》を開けられてしまうこともあります。ゴキブリが入ってくることもあるので、郵便受けがあ

不動産会社の表現と住まいの現実

お部屋の状況	良い表現	現実（あくまで一例です）
築古の木造	木のぬくもりを感じる	壁が薄くて隣の部屋の音も感じる
1階に飲食店がある	すぐに食事ができて便利	すぐにゴキブリと出遭って恐怖
駅まで徒歩10分以上	歩けばよい運動になる	雨や風が強い日に徒歩で移動したくない
川や池が近い	水の癒やしを感じます	川や池で発生した虫が襲来する
隣に学校がある	子供たちの声で元気をもらえる	声や音が大きくて仕事に集中できない
大通り沿い	来客に場所を説明しやすい	騒音や排気ガスで窓が開けられない
救急病院が近い	病気や怪我をしても安心	夜中でも救急車のサイレンが鳴る
家賃がとても安い	節約になりお金が貯まる	迷惑な住人がいてストレス

るならふさいでしまうことを推奨しているくらいです。

アパートやマンションでは、**キッチンの窓が外廊下に面しているタイプ**もあります。

外から覗かれやすいのはもちろん、窓を破って侵入される危険もあります。

部屋を借りるときには、そういう危険性を意識していなくても、住んでいるうちに気になって仕方がなくなるケースもあります。そうなると引っ越すほかはなくなってしまいます。

鍵にしても、二重になっているなど、防犯を考えたタイプが採用されている物件を選びたいのは当然です。

安心感をもてない鍵になっていたなら工夫も必要です。

後付けできるスマートロックなどはおススメです。電池が切れると中に入れなくなることがあるので、そこだけは設置後も注意が必要ですが……。

ひとり暮らし部屋を整える前の心構え

理想の部屋に長く住むのがベスト

部屋づくりは少しずつ進めていけますが、部屋選びを失敗すると、取り返しがつかないことになります。

「どうせ、いつかは引っ越す」ということを前提にして、安かろう悪かろうな部屋を選んでしまうと、理想の部屋にするため調整していく意識をもちにくくなります。

部屋を借りるときには〝長く住むことを前提〟にしてください。

退去時に原状回復のため多額の費用を求められるケースは多いのですが、経過年数によって入居者が負担すべき額が減っていく規定もあります（詳しくは第5章参照）。

引っ越しにかかる費用はかなりのものです。

コスパを考えても〝理想の部屋に長く住む〟のがベストです。

理想の部屋づくりのファーストステップはやはり部屋選びなのです。

部屋のダウングレードは絶対に避けるべき

ただ、そうはいっても、ひとり暮らしの人が同じ部屋に永住するケースはあまりないかと思います。引っ越しをする際、**部屋のダウングレードは避けたいところです。**郊外から職場に近い都心に引っ越して、家賃は上がったけれど部屋は狭くなったといったケースであれば納得もできるかもしれません。しかし、以前より狭い部屋に引っ越すと、精神的にきつく感じやすいうえに、家具をそのまま使えなくなるケースなども出てきます。

広い部屋にアップグレードできれば、それだけでも部屋にいたい気持ちが増します。ひとつの部屋に住んでいるうちに気分を変えたくなったり、趣味が増えたりすることもあるはずです。

私の場合は、ずっとそんなことはしていなかったのに、急に大きなプラモデルを作りたくなって、実際に作ったことがありました。そういう発想をもった場合にしても、ある程度、部屋に余裕がなければ、飾るところがないので断念するしかなくなります。部屋に余裕があれば、家具でもオーディオセットでもトレーニング器具でも、思いついたときに購入しやすいものです。

部屋が狭ければ、何かを始めるにも思い切りがつかないことになりがちです。

部屋の広さに余裕があれば、心にも余裕が生まれ、さまざまなチャレンジをしていこうという気になりやすい。

人生を豊かにすることにもつながります。

部屋づくりと経験値

理想の部屋づくりを実践したことがある人は、次に引っ越しすることになったときも、いい部屋を見つけて、いい空間をつくっていける成功率が高くなるものです。

実際のところ、マイナス点がまったくないような快適な空間をつくるのは簡単ではありません。あそこはこうすればよかった……といった反省はどうしても出てきます。だからこそ、一度目の引っ越しよりは二度目、二度目よりは三度目のほうが理想に近づきやすくなります。

モデルルームのようなものを見て、自分もこんな部屋にしようと思う人もいるのでしょうが、いざ住んでみれば「自分のスタイルには合わない」と感じることも少なくないはずです。

人それぞれ習慣の違いもあれば好き嫌いもあるので、やはり自分流という要素は必ず入ってきます。

住まい選びや引っ越しは、大きなお金が動くビジネスなので、不動産会社やインテリア業界などは、さまざまなかたちでＰＲや売り込みをしてきます。

そうした声に流されてしまうと自分の理想とのズレが生じやすいので、経験を生かしながら自分の感覚を大切にすることが重要です。

引っ越しの回数は少ないに越したことはないにしても、理想の部屋づくりを何度か経験することで自分の価値観ができていくと、本当の意味での理想が実現しやすくなるものです。

部屋づくりのヒントは意外に少ない

人によってどんな部屋が理想なのかは違ってきます。リモートワークがあるのかないのか？家賃を抑えたワンルームの中で工夫をするのか？家賃が上がっても部屋数を増やす選択をするのか？プライオリティをどこに置いているかによって、部屋づくりの方向性が変わってきます。

雑誌に掲載されている部屋のレイアウトなどに合わせて、同じような部屋をつくったとしても、それが自分に合っているかはわかりません。

大人になると友人の部屋などへ行く機会が減るので、みんながどんな部屋に住んでいるのかはイメージしにくいところがあります。

当たり前のことながら、ドラマの登場人物が住んでいるような部屋は、現実味の薄い別世界のようなものです。

結局のところ、部屋づくりは自分なりに手探りをして進めていくしかないのです。

ヒントが少なく、答えがひとつしかないわけではない——。

だからこそ、この本では、できるだけ多くの人の参考になるようなヒントを提示したいと考えました。

次章以降では**「部屋に置いておきたいマストアイテム」、「快適な暮らしを手に入れるためのお部屋の常識（心身の健康との関係性）」、「部屋を探すときにはどこに注意すればいいのか」、「どんな町に住むのがいいか」、「入居時の契約、退去時の請求に対してはどういうところに注意をすればいいか」**といったことを解説していきます。

それらの情報も参考にして、自分なりの理想の部屋、快適な暮らしを手に入れてください。

それができれば人生そのものがきっと変わります。

次章では、空間ごとの着目ポイントや便利アイテムについて解説、紹介していきます。

第2章

ひとり暮らし部屋を快適にするマストアイテム

玄関①

シューズラック
マグネット傘立て

玄関は〝部屋の顔〟です。特別な飾り立てをするよりは、**雑然とした空間にしないことが大切**です。何足もの靴が出しっぱなしになっているうえ、脱ぎ方が雑なのは最悪です。お客さんが来たとき、それだけでも悪い印象を与えてしまいます。

お客さんが来ないにしても、帰宅した瞬間からいい気持ちがしません。

靴が多いとそれだけで玄関が狭く感じられるので、出しておくのは2、3足にしておくのがベターです。あまり履かない靴はシューズボックスに入れておくようにします。その際、**ダイソーのシューズラック**を使うと、1足分のスペースに2足置けるので、収納力が2倍になります。最新のタイプは高さの調整機能も加わり、さらに使い勝手が良くなりました。

部屋選びの段階で「どんなシューズボックスがあるか」は要チェックポイントのひとつです。シューズボックスがなかった場合は自分でシューズボックスかシューズラックを購入することになります。100

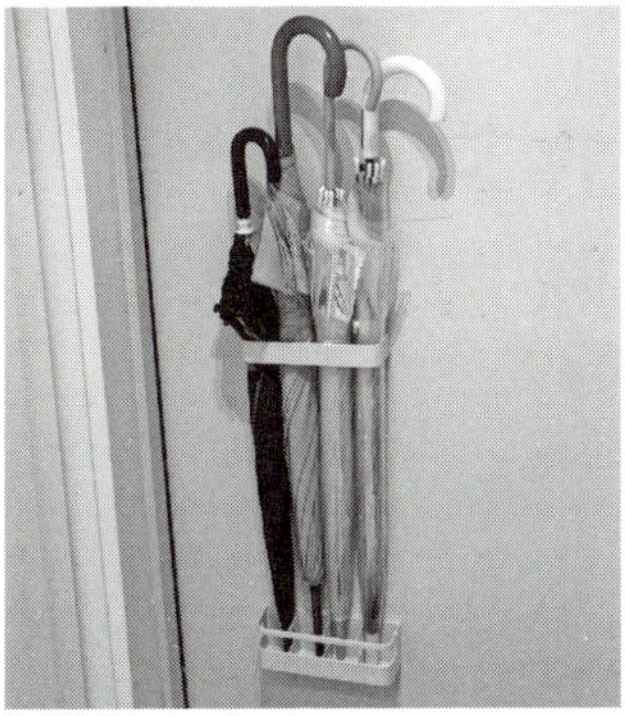

ダイソーのマグネットタイプ傘立て。ドアに貼り付けて使えば、玄関もスッキリ見えます。

ダイソーのシューズラック。靴を重ねてスペースを有効活用できます。

均などには組立てタイプのコンパクトなケースがあります。何足分にするのかを自分なりにアレンジできるので、大げさな家具などを買う必要はありません。

また、傘を直接、壁に立てかけておいては印象が悪いうえに壁や玄関口が濡れてしまいます。

ドアに付けられる**マグネットタイプの傘立て**がおススメです。

ダイソーにある200円の商品などは見た目も悪くなく、磁力もそこそこあります。

4本立てられるものですが、見た目を考えても2本くらいにしておくのがいいと思います。使わない傘は思いきって処分したいところです。

玄関②

竹炭除菌モーリス

ドアを開けた瞬間、〝臭わないか〟にも注意したいところです。玄関口に棚やシューズボックスがあるならその上に、ないなら玄関口の床に直接、消臭剤や芳香剤を置いておくのがいいでしょう。

おススメは無印良品の**「くりかえし使える脱臭竹炭」**です。大きさがまちまちの炭の切れ端が100グラム分入っています。

ダイソーにも**「置くだけ竹炭」**という似た商品があります。竹炭は置いておくだけでOKです。ちなみに、ダイソーの「置くだけ竹炭」は個包装になっており袋から出さずに使う仕様になっていますが、私はあえて封を切って中身を出して使うことをおススメしています。

炭は**脱臭効果**が高いので、玄関口のほかにも、シューズボックス内、冷蔵庫内、シンク下などに入れておくことができます。

玄関口に棚がない場合、トイレ内の収納などに使われる**スリムタイプのカラーボックス**を置くと、場所を取りません。その上に竹炭を置

臭いに敏感という人におススメなのが除菌モーリス。ひと噴きで臭いから解放されます。

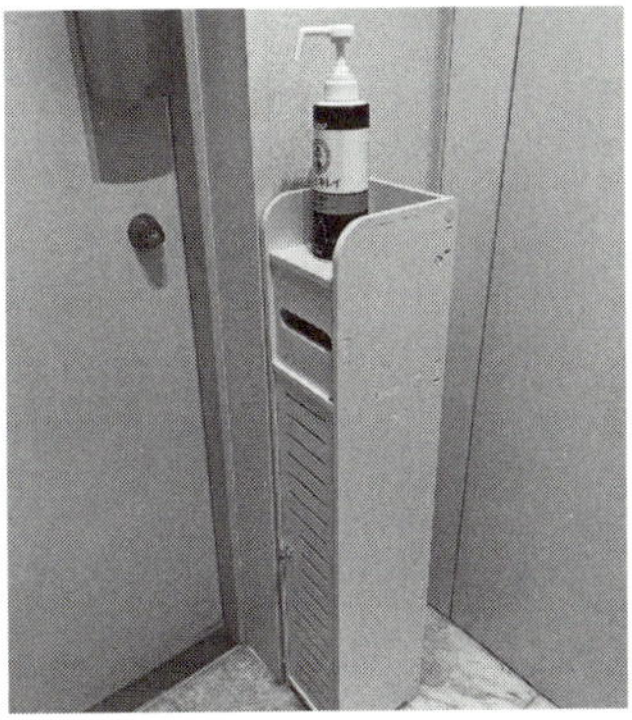

玄関にスリムタイプのカラーボックスを置くと意外と便利。

竹炭はボウルやお皿、グラスなどに入れ、ラックの上などに置くと見栄えもよいでしょう。

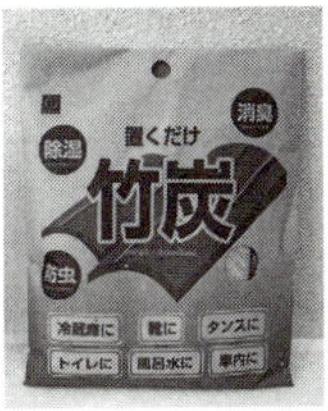

ダイソーの置くだけ竹炭。私はあえて袋から出して使っています。

いておいてもいいわけです。

　我が家でもそうしていて、棚の中には靴用の撥《はっ》水《すい》スプレーなどを入れています。**「除菌モーリス」**（森友《もりとも》通商《つうしょう》）というスプレーも入れていて、何か臭うなと思ったときにはシュッとひと噴きします。除菌消臭力が高いうえに、赤ちゃんやペットがいても安心して使えるスグレモノです。

キッチン①

マグネット傘立て収納ボックス

キッチンのレイアウトを左右することにもなりますが、**「ひとり暮らしなら炊飯器はいらないのではないか」**と思っています。料理をする人でもレトルトごはんを使うことが増えているくらいです。炊飯器の置き場所を気にしないで済む分、キッチン内の配置はラクになります。主要家具は冷蔵庫と電子レンジだけで済みます。

ひと工夫として冷蔵庫に**マグネット傘立て**を付けるとラップなどを入れられて便利です。

マグネット傘立ては、洗濯機の横に付けるのもおススメです。洗濯機の場所にもよりますが、洗剤や洗面台のお掃除グッズなどを入れておくことができます。

また、入居前、キッチンを見る際の**要チェックポイントが「収納」**です。

収納容量が少ない場合が多いので、料理をする人はとくに注意しておく必要があります。

収納が少なければ、シンク下などをうまく活用したいところです。

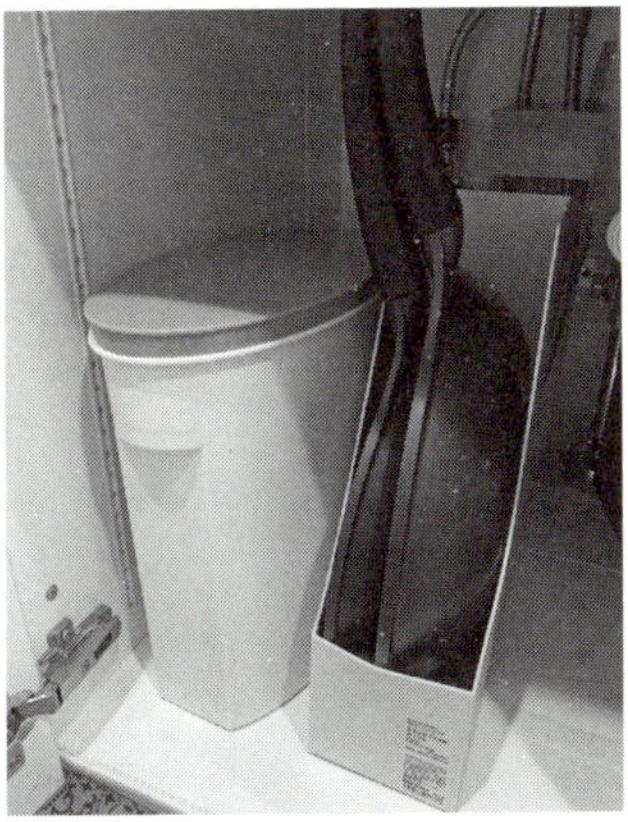

書類などを整理するための収納ボックスも使い方次第でキッチンでも活躍。フライパンを立てておけるので省スペースになります。

ダイソーのマグネットタイプ傘立て。ラップなどを立てておけるので、キッチンでも重宝する便利アイテム。

収納ボックスを活用することによって狭いスペースを生かすことができます。

冷蔵庫を設置する際、ぜひ最初にやってほしいのは**冷蔵庫の下に専用マットを敷くこと**です。2000円前後で買えるものです。冷蔵庫の背面の壁紙が電気焼けしても入居者負担にはなりませんが（それでも後ろの壁から10センチほど空けておきたいところです）、冷蔵庫の下の床が水こぼれなどで変色すれば入居者負担になります。そうならないための防衛策です。収納の清潔さを保つため、**「食器棚シート」**は引っ越し初日に敷いておきたいところです。

キッチン②

ガスコンロカバー シンクスライド棚

ワンルームなどではキッチンがかなり狭い場合が多いものです。シンクとガスコンロのあいだにほとんどスペースが取られておらず、「包丁を使ったりする調理はどこですればいいのか?」と戸惑う人も多いはず。

自炊をするのにキッチンが最小スペースのものだった場合には、**自分で調理空間をつくりだす**しかありません。

そのためのおススメは**ガスコンロカバー**です。

カバーという名が示すように、コンロをあまり使わない人が、コンロを隠して生活感をなくすためのアイテムですが、その目的だけで購入する人は少ないのではないかと思います。

コンロを隠すことによって〝水平の台〟ができるタイプが多いので、そこを作業スペースとして使えるようになります。

いろいろな商品があるなかでも、脚付きのミニテーブルのようなタイプが比較的安価で、使い勝手がいいと思います。台の上で調理をしたあと、外してコンロを使います。

ガスコンロカバーがあるとデッドスペースの有効活用が可能。料理をしない人にもおススメのアイテムです。

ダイソーのシンクスライド棚。10センチほどの幅で、カップを並べておくにはちょうど良いサイズ感になっています。

ガスコンロカバーと同じようなやり方でシンクの上も作業スペースにできます。

シンクの上に水切りを載せてそこを作業スペースにする方法です。

ダイソーの**「シンクスライド棚」**は超おススメです。長さが約30センチ～50センチまで伸び縮みするので、シンクの幅に合わせて設置することができます。

キッチン③

つっぱり棒＆S字フック
浮かせるスポンジホルダー

ガスコンロやシンクの上の〝空中〟といえる空間もうまく活用したいところです。

こちらは調理のためではなく、収納のためです。

落下に気をつける必要がありますが、**つっぱり棒とS字フックの組み合わせ**によって、レードル（お玉）やターナー（フライ返し）、ミトンなど、あまり重くなく、よく使う調理器具を吊るしておくことができます。ダイソーの**「つっぱり棒壁面ガード」**があれば、落下防止にもなります。

シンクの上にスポンジを吊るすようにすれば、清潔さが保ててカビ対策にもなります。

「浮かせるスポンジホルダー」という商品もあります。

吸盤式になっていてシンクの内側などにホルダーを取りつけることで、そこに引っかけるスポンジがどこにも触れなくなります。

スポンジは宙に浮かせておいたほうが清潔なので、おススメ度が高い便利グッズです。

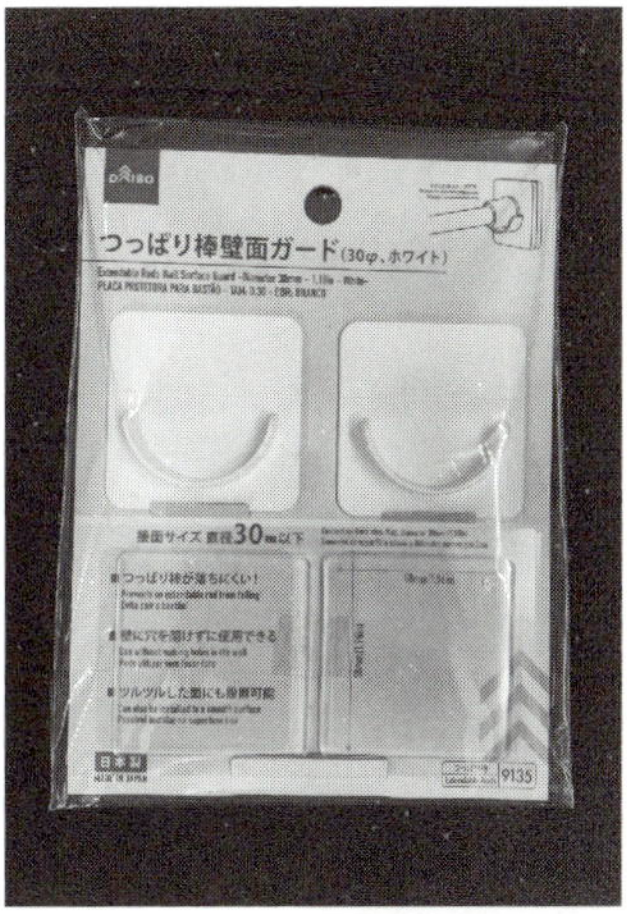

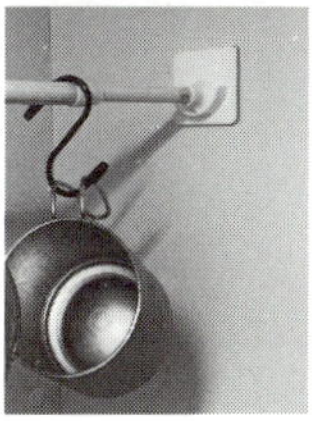

つっぱり棒とS字フックによる収納。軽量のキッチン用品を見栄え良く整理できます。

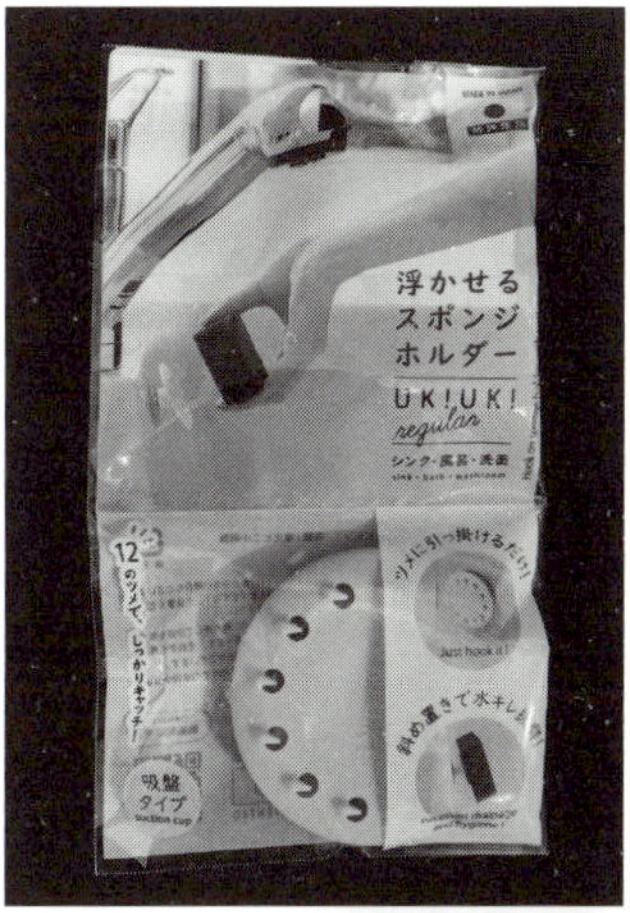

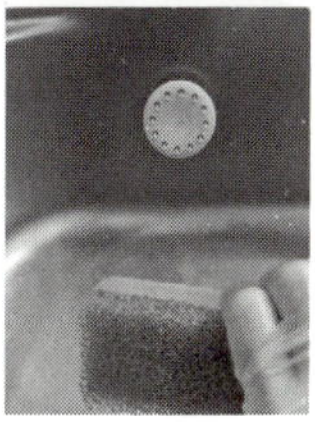

八商商事の浮かせるスポンジホルダー UKIUKI regular。スポンジを引っかけることができる。

キッチンなどでは、できるだけ**〝浮かせる収納〟**を考えたいところです。収納場所不足の問題が解消されるだけでなく、掃除や整頓《せいとん》をしやすくなります。

ワンルームでは、キッチンの前を通って部屋に行くことになる間取りがほとんどなので、洗い物などを溜めておかず清潔に保てているかどうかが気分を左右します。

キッチン④

すきまパテ ピーピースルーF

シンク下の排水管にも注意が必要。こちらは**危機管理**です。

排水管と壁や床のあいだにはすきまがあることが多いので、ふさいでおくようにします。水漏れ防止の意味もありますが、ゴキブリの侵入経路になりやすいからです。

セメダインの**「すきまパテ」**という商品があります。

粘土細工のような要領で簡単にすきまを埋められるので、エアコンの配管や洗濯機の排水管などにも使えます。100均にも似た商品がありますが、剥《は》がしにくいためにあとで苦労する商品もあります。

排水管は詰まらないようにも気をつける必要があります。そこでおススメなのが**「パイプ洗浄剤　ピーピースルーF」**（和協産業《わきょうさんぎょう》）です。油汚れに特化した商品で、これをシンクの排水口などに使えば、ビックリするほどの勢いで排水されるようになります。消臭効果もあるのが嬉《うれ》しい！

粉末タイプなので、万一吸い込んでしまうと激しくむせることになるのが注意したい点です。使用時はマスクやメガネ、手袋などを着用

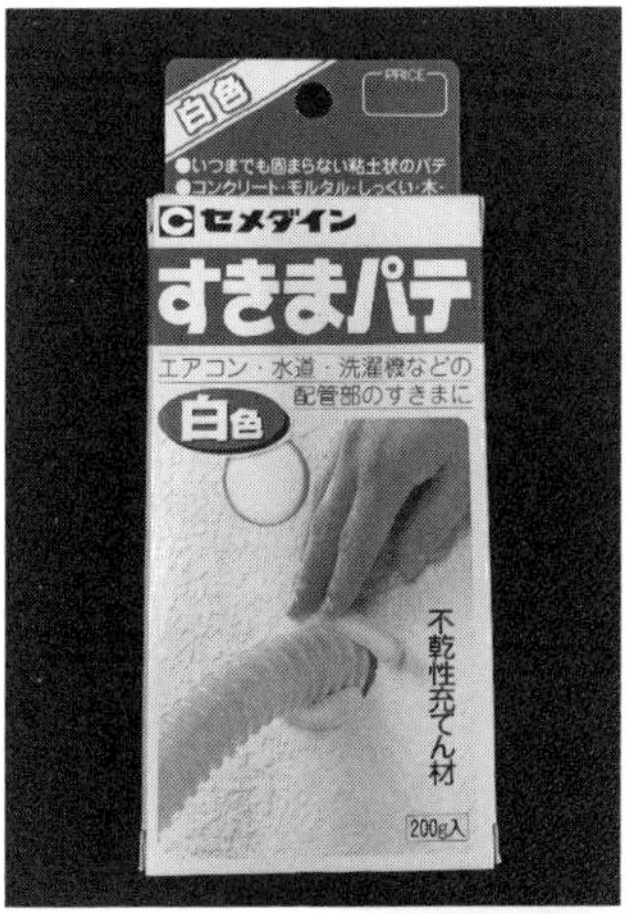

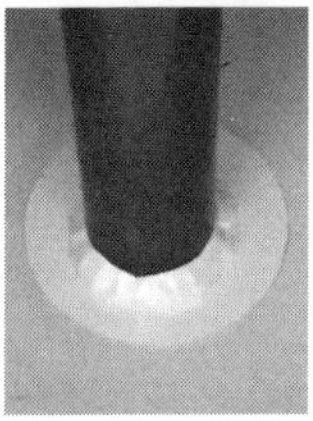

セメダインのすきまパテ。安価な類似商品と違い使いやすいのでおススメしています。

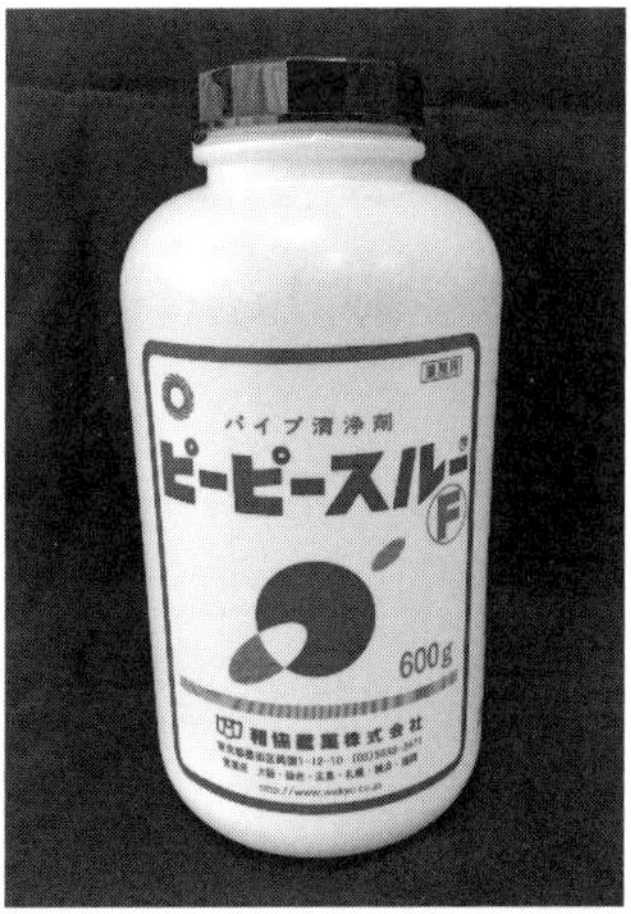

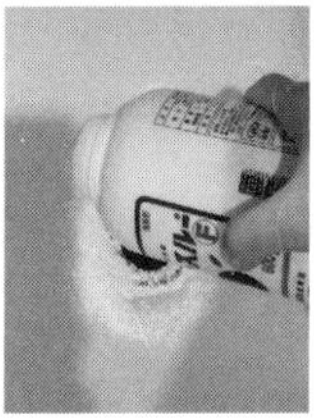

ピーピースルーF。強力な発泡と発熱作用により排水管の汚れを取り除いてくれます。

しましょう。

排水が悪くなったときに水道業者に依頼すると、多くの場合は1万円以上、高圧洗浄が必要になると10万円前後とられる場合もあるので、こうした予防策をとっておくことは大切です。大家側で定期的に高圧洗浄をしてくれる場合もあります。そうであれば自己負担にならないので、必ずやってもらうようにしてください。

毎日つかえる不織布パッド
超撥水コーティング剤
水切りネット

シンクや蛇口に水アカがこびりついてしまうと、もう手遅れか……とあきらめてしまうことにもなりがちです。そうならないために定期的にキレイにしておきたいところです。

ものすごくおススメなのがニトリの**「毎日つかえる不織布パッドクエン酸プラス」**です。30個入りの税込で299円（※）なので、1回の使用あたり10円です！ パッドにクエン酸が染みているので、袋から出して、汚れが気になるところを小刻みにこするだけ!!

手荒れが気になる人は手袋をする、塩素系の洗剤とは同時に使わないようにするなど、多少の注意はあるものの、とにかくお手軽です。

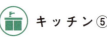

シンクや洗面台を洗ったあと、仕上げに使いたいのが、**「水回り用超撥水コーティング剤 弾き」**（友和《ゆうわ》）です。しっかりと水気を拭《ふ》き取ったあとにこれをスプレーするだけで、驚きの水はじきになります。

鏡やガラス製品には使えないものの、シンク、洗面台、トイレ、浴室などにも使えて便利です。水回りがキレイにできているかは気持ちよく暮らせるかを左右するポイントになるので、手入れはこまめにや

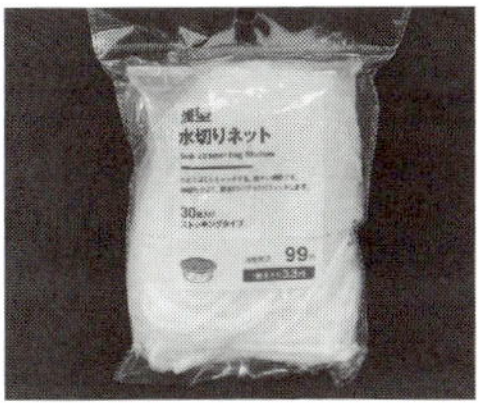

無印良品の水切りネット。1枚ずつ取りやすい点がストレスフリーなので、個人的に気に入っています。

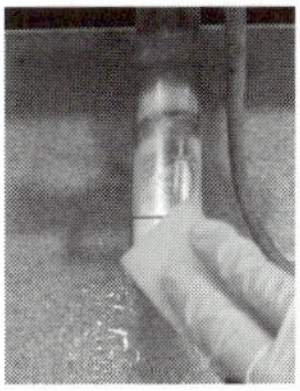

水で濡らして軽くこすり、洗い流して使うクエン酸パッド。

シンクを掃除したあとにスプレーすると汚れや水をはじいてくれます。床についてしまうと滑りやすくなるので注意しましょう。

りたいところです。

シンクの排水口につける**「水切りネット」**は無印良品の「浅型」がすごくイイ！

袋から取り出して排水口に装着する作業がノンストレスでやれるうえ、ストッキング素材なのにピロピロ糸が出ないんです。

（※一部離島での購入・取り寄せは別途手数料がかかります）

リビング①

LED&間接照明
お香

リビングの部屋づくりは好み次第です。壁紙が白いほうが部屋は広く見えますが、明るめの照明にすれば、同じような効果があります。

LEDには「電球色」、「温白色」、「昼白色」、「昼光色」があります。電球色、温白色は少し赤みがある温かい感じの色で（温白色は電球色より明るい感じ）、昼白色は自然な白色、昼光色は少し青みのある明るさです。

リビング、寝室、浴室など、落ち着きたい場所はリラックスモードに適している電球色か温白色、キッチンや洗面台などには昼白色、書斎や勉強部屋などには昼光色が勧められる場合が多いようです。明るさと落ち着きの双方を求めるなら温白色、明るさと清潔感を求めるなら昼白色がいいわけです。電球や蛍光灯をLEDにすると、**節電効果**もかなり大きくなります。

雰囲気を出すには**間接照明を利用**するのもいいでしょう。

我が家ではイケアで売られているフロアランプ（現在は生産終了）を使っています。和紙製で136センチあるものです。夜にこれを点け

無印良品のお香。1セット12本で発売されています。香りは好みがわかれると思いますので、いろいろと試してリラックスできるものを見つけましょう。

間接照明があると心理的にもリラックスできる空間がつくれます。好きなお香と合わせて使ってみてはいかがでしょう？

ていればムードある空間が演出されます。

落ち着きたい人には**お香もおススメ**です。うちでは無印良品のスティックタイプのものを利用しています。いろいろな香りがありますが、個人的には「金木犀《きんもくせい》の香り」が気に入ってます。お皿の上に香立て（スティックを差す穴があるもの）を置いて、お香を立てるのがベーシックスタイル。自分が上品になった気がします。

リビング②

回転式ほこり取り
クロスの穴うめ材スーパー

リビングで全体の印象を決めるポイントは壁紙です。

繰り返しになりますが、**壁紙の色は白が断然おススメ！**　今は簡単に貼れる壁紙もありますが、手間だと思うなら壁紙が白い部屋を選んでおくのがいいでしょう。

壁紙の汚れは退去時のトラブルの原因にもなります。それについてはあらためて第5章にまとめますが、清潔に保っておくに越したことはありません。

壁の汚れを手軽に落とすのにおススメなのがダイソーの**「回転式ほこり取り」**です。このブラシに、やはりダイソーで買える**「アルカリ電解水」**をスプレーして、汚れが気になるところをやさしくこすれば、手アカくらいはみるみる落ちていきます。

雑巾でやっていた人はこれまでの苦労がバカらしくなるはず。それほど手軽です。

壁に画鋲《がびょう》を刺してもいいかと悩む人は多いことでしょう。**画鋲の穴は通常損耗の範囲**になるので大丈夫です。釘《くぎ》はNG！　釘

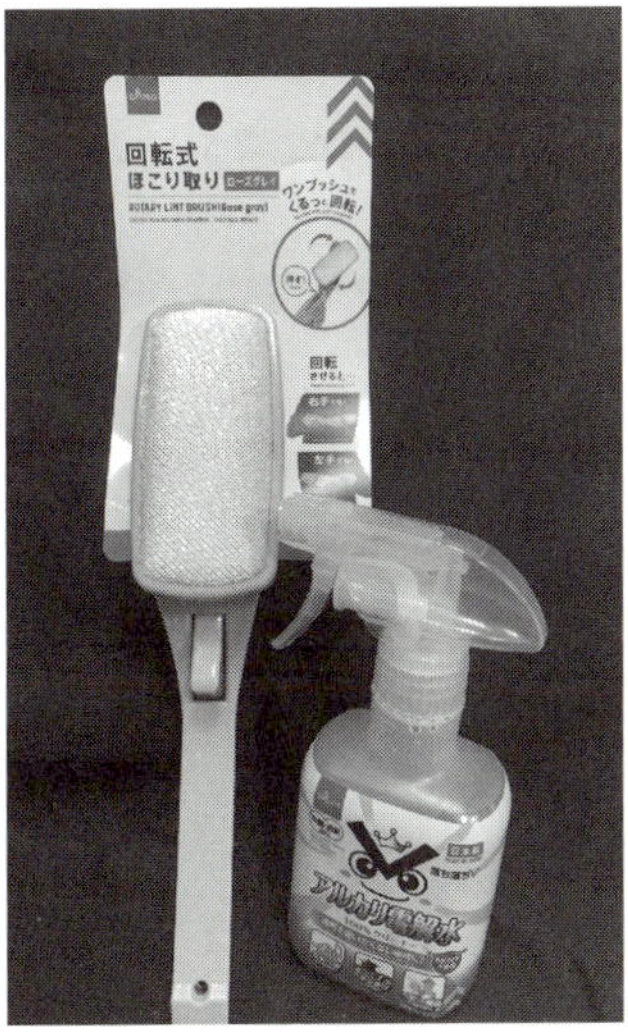

アルカリ電解水とのコンビプレイなら、やさしくこするだけで壁の汚れがキレイに落とせます。ヘッドが回転するので使いやすいところも好印象です。

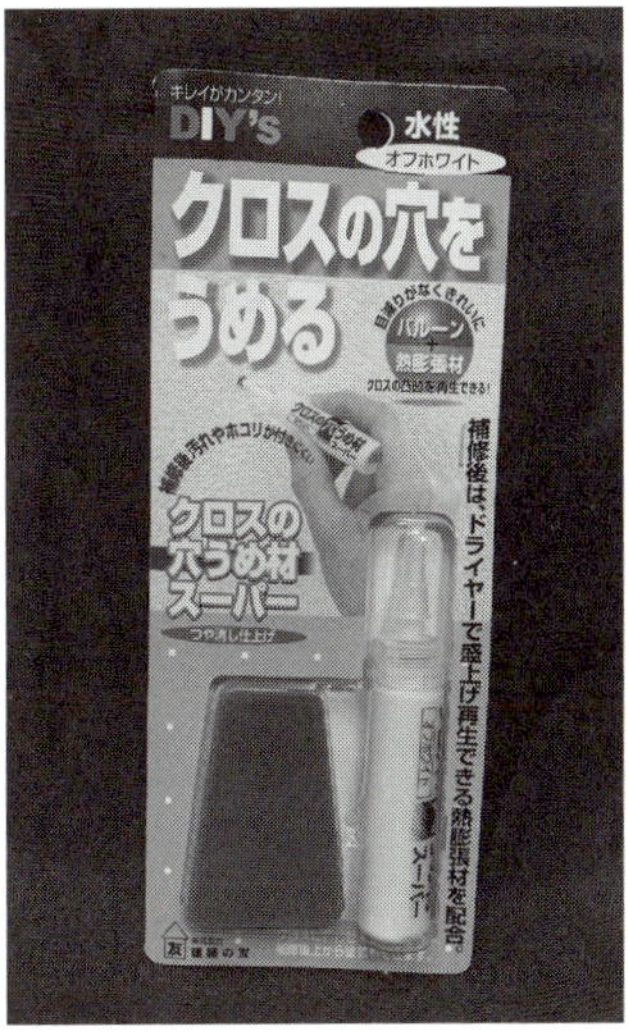

画鋲の痕を目立たせなくする穴うめ剤。壁にポスターなどを貼って好きなインテリアを楽しみたいという人におススメです。

に近い画鋲などを使って下地ボードの交換が必要になれば、入居者負担になるので注意してください。

画鋲の痕《あと》をほとんどわからないようにすることもできます。

「クロスの穴うめ材スーパー」（建築《けんちく》の友《とも》）を使えば簡単！　粘度の高い白い液体を穴に流し込み、付属のスポンジで平らにしてからドライヤーを当てれば、穴はほとんどわからなくなります。

リビング③

ホワイトボードシート
椅子脚カバー

画鋲は大丈夫と聞かされても、やはり壁紙に穴をあけるのには抵抗があるという人におススメのアイテムがあります。

アマゾンなどで買える**「ホワイトボードシート　粘着式　マグネット対応」**です。その名のとおり粘着タイプなので、壁に貼りつけ、剥がすのも簡単なホワイトボードです。

マジックでメモを書いて、拭き取って消せるのはもちろん、マグネット対応なので、磁石でいろいろ貼り付けられます。

使いたいサイズに合わせて自分でカットもできるうえにいろいろなサイズがあります。壁紙の上に貼るほか、冷蔵庫に貼って使ったり、子供の落書き用にしたり、いろいろな使われ方をされているようです。

リビングではフローリングにも傷をつけないようにしたいところです。

意外に〝犯人〟になりやすいのが椅子です。キャスター付きの椅子でも傷がつくことはあるし、4本脚タイプのものなどは、引きずると

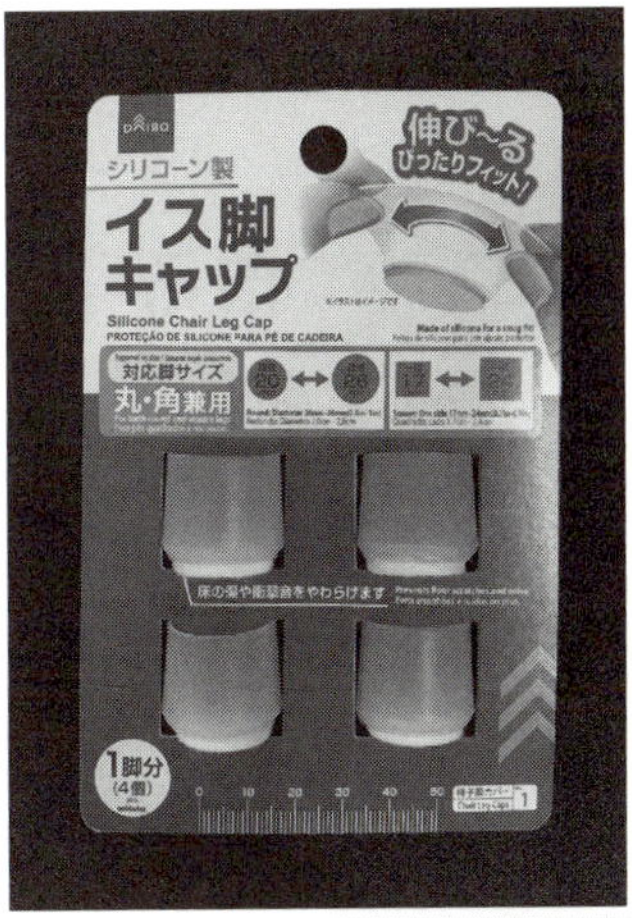

シリコン製のイス脚キャップ。自宅でデスクワークすることが多いという人におススメしています。

自宅の壁がホワイトボードに変身。仕事のメモ書きに使えるので、リモートワーク環境を充実させたい人におススメです。

すぐに傷がつきます。キャスター付きの椅子を使う場合は、下にミニカーペットなどを敷いておけば防衛策になります。

4本脚タイプの椅子には**「脚カバー」**を付けておくこと。

シリコン製のものや靴下のようなものなどタイプはいろいろで、ダイソーなどでも売られています。テーブルの脚にもつけておくようにすれば、より安心です。

リビング④

ウタマロクリーナー ごみ袋

お部屋掃除におススメなのが**住宅用洗剤「ウタマロクリーナー」**です。ウタマロ石けんで知られる東邦《とうほう》というメーカーの商品で、ドラッグストアなどでも売られています。

中性なので肌にやさしく、家中の掃除に使えるうえ、一般的な中性洗剤より洗浄力が高いのがポイント！　気になるところにシュッとスプレーして、拭き取ります。

個人的には入居日までに必ず用意しておきたいアイテムのひとつにしているほどです。

ごみ袋に関しては、お部屋用の小さなごみ箱に使うごみ袋として、以前はコンビニなどでもらうレジ袋を使っていた人も多いかと思います。しかし、レジ袋の有料化↓エコバッグの活用によって、レジ袋をもらう機会は減ったはず。

そのため、ごみ袋を購入するようになった人も増えたのではないでしょうか。

いろいろな商品があるなかでもおススメなのが、無印良品のその名

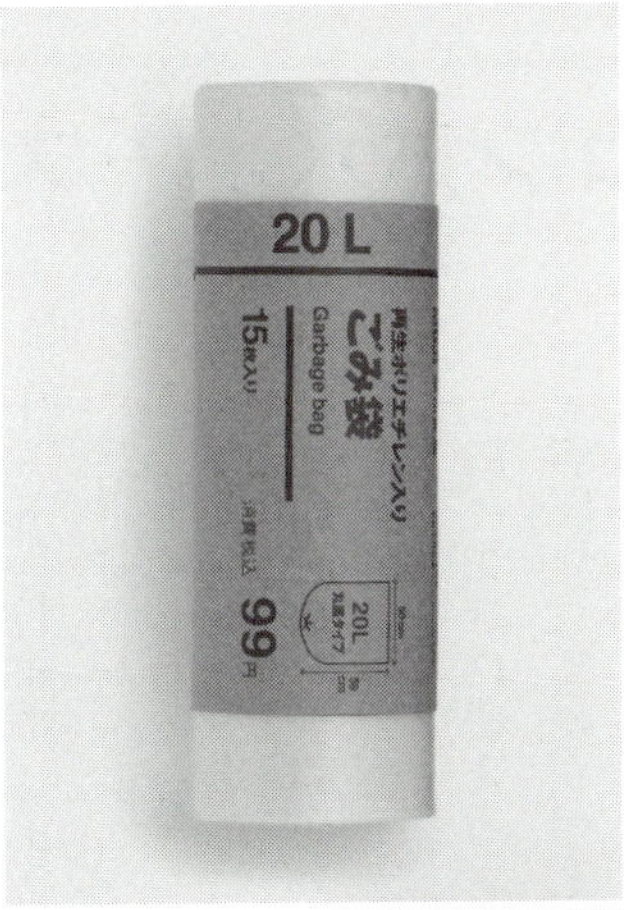

無印良品のごみ袋。20L用、30L用などごみ箱のサイズに合わせて選べるので重宝しています。

テーブルや床など汚れが蓄積されやすい家具の掃除におススメ。汚れに噴きかけて雑巾やティッシュで拭き取ります。

も**「ごみ袋」**。

ロール状になっているので、最初にロールごとごみ箱に入れておけば、使ったあと、使用済み分のごみ袋を切り取ることで、次のごみ袋が登場！　使い勝手がすごくいいうえ、再生ポリエチレンを約10%使用したごみ袋なんです。

バルサン／エアコン排水ホース防虫キャップ

入居日までに用意しておきたい……というか、**入居前にやっておきたいのが「バルサン」**（レック）です。〝お部屋まるごと害虫駆除〟ということで、以前から使っていた人もいるはず。

従来のものは煙が出るため、いろいろと注意があり、部屋でやるには勇気が必要でした。しかし今は**霧タイプ**のものが出ています。比較的、気軽に使えるタイプですが、それでもやはり家具などを搬入する前にやっておき、その後に入居するのが安心です。

ゴキブリ、ダニ、ノミなどの駆除に効果があると言われています。

ダイソーの**「エアコン排水ホース防虫キャップ」**も、できれば早めにつけておきたいアイテムです。

盲点になりやすいのですが、エアコン室外機の排水ホースから虫が入り込み、室内にまで侵入してくることがあります。ゴキブリがとくにそう。ホースから入ったあと、室内機の中で死んでいるケースもあります。その場合はホース詰まりの原因になります。

そうした事態を防ぐためのキャップです。

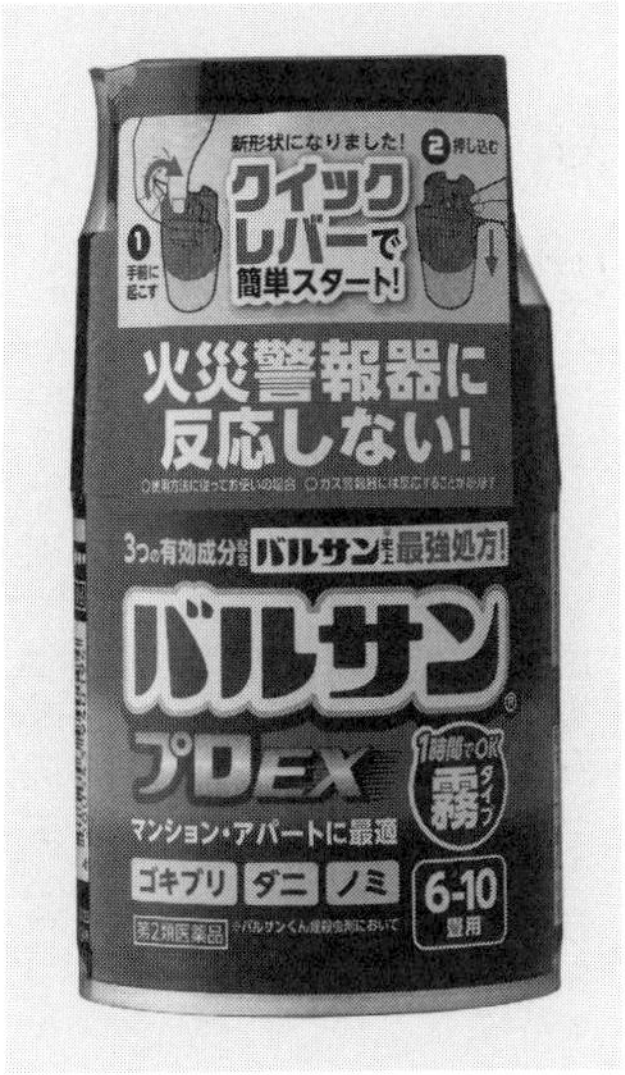

バルサンプロ EX 霧タイプ。家具が設置されていない、入居前の使用が効果的です。火災警報器に反応しない霧タイプであれば、マンションでも使いやすいです。

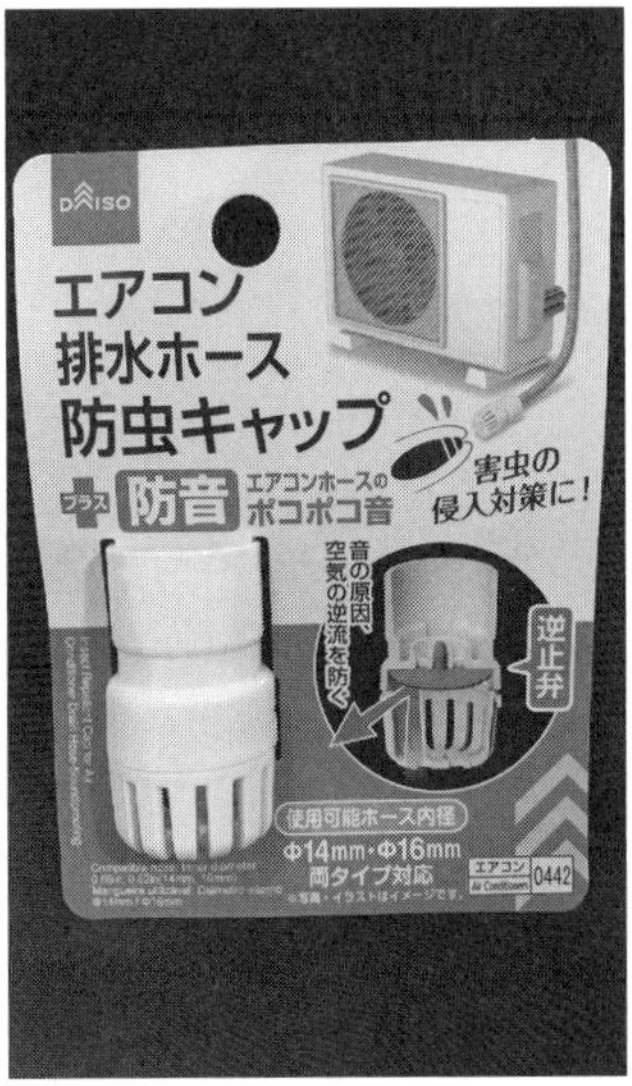

エアコンの室外機に取り付けるホースキャップ。賃貸であれば備え付けであることが多いので、まずは大家さんや管理会社に相談を。

逆止弁が外気の侵入を遮断するので、ポコポコ音も抑えられます。

備え付けのエアコンであるなら、取り付け前に大家さんや管理会社に相談しておくと安心です。

寝室①

収納付きベッド
布団乾燥機

寝室で大きな比重を占めるのはベッドです。ベッドについては第1章でも書いたように慎重にサイズを選びたいところです。通販ではサイズ感や寝心地がわかりにくいので、家具店で実際に寝転んでみたりして商品検討するのもいいかと思います。表立って書くのは気が引けますが、**〝試すのは店舗、買うのはネット〟**でもいいわけです。

ひとり暮らしの人におススメなのは**ベッド下に収納があるタイプ**です。ワンルームや1DKでは収納が充実した物件は少ないので、自分なりに工夫する必要があるからです。

リビング編で紹介したフロアランプやお香は寝室で使うのもグッドです。

ベッド関連でぜひおススメしたいアイテムが**布団乾燥機**です。

都心などでは布団を干すのが難しい場合も多いものです（ベランダが狭いなどの物理的な要因と、空気が良くないといった環境的要因の双方が原因）。しかし、敷きっぱなしのジメジメした布団を使っているのは気持ちがいいものではありません。

布団乾燥機を使ってフカフカであったかい布団に仕上げれば、それだけで気分があがります。もちろん、ダニ対策にもなります。

1万円前後の商品で、部屋干しの衣類乾燥や靴乾燥にも使えるスグレモノもあります。シャープの「プラズマクラスター干し」なども評判がいいようです。

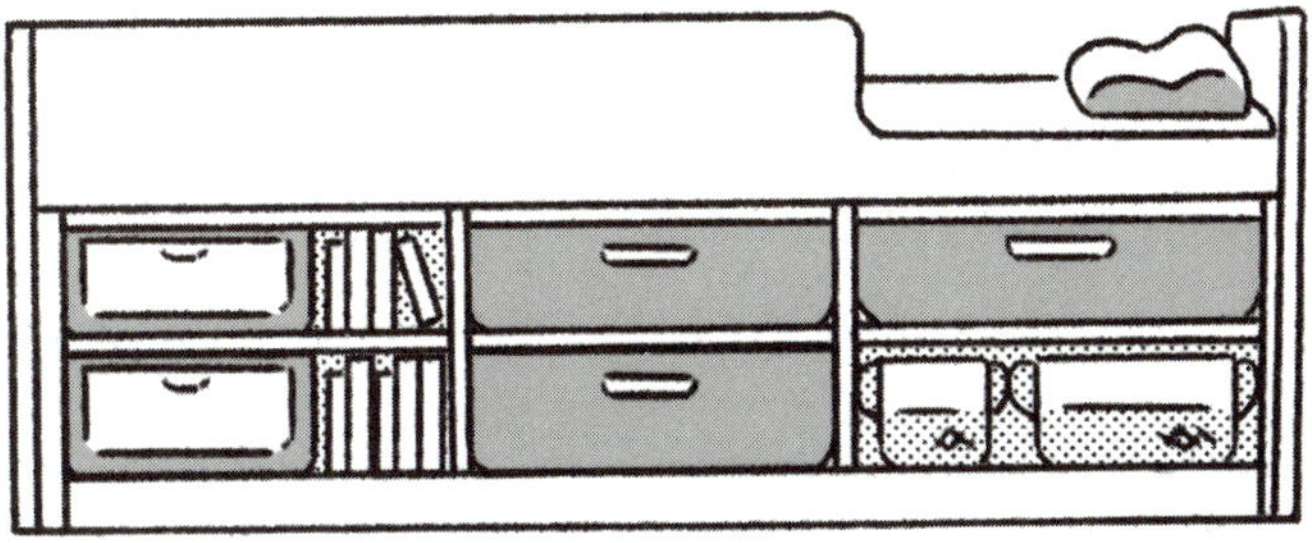

ひとり暮らしの部屋だからこそ、限られたスペースを活用すべき。湿気が心配という人は収納ボックスの中に乾燥剤を入れておきましょう。

おススメしているのは布団乾燥機。フカフカの布団に入れれば、心地よくリラックスした状態で寝ることができます。

寝室②

遮光カーテン
遮像カーテン

寝室では**カーテンも重要アイテム**になります。

大抵の部屋には備え付けられていないので、自分で買うことになります。

引っ越してきたあと、しばらくカーテンをつけないままにしている人もいますが、朝早くから日の光が入ってくると、ゆっくり寝ていられないはず。防犯上も良くないので、カーテンは引っ越し前か引っ越し初日につけられるように用意しておくのがベターです。

窓の大きさはさまざまなので、部屋に合うカーテンがすぐに買えるとは限りません。

部屋が決まったあと、引っ越しまでに部屋を見に行くことがあるかと思います。その際には**窓の大きさはしっかりと測っておくべき**です。

窓はしっかり覆い隠したうえで、床には引きずらないサイズがベストです。

そういうサイズのカーテンが見つからないときにはオーダーメイドすることになります。

カーテンは床から1〜2センチ浮いているのが理想。ただし、現実的にはオーダーメイドになってしまうので、まずは既製タイプでより自宅のカーテンサイズに近いものを選びましょう。

カーテンは**遮光カーテン**がおススメです。

遮光カーテンは「完全遮光タイプ」のほか、1級から3級まで分けられ、いいものを買えば、部屋の中を真っ暗にできます。熱や冷気を通しにくいので節電効果もあります。

遮像レースカーテンもあります。昼も夜も外から室内を見えなくするもので、部屋で電気を点けていてもシルエットが見えにくくなります。防犯対策にもなります。

カーテンレールが2つあるなら、遮像レースカーテンと遮光カーテンを組み合わせるようにするのがおススメです。

トイレ①

つっぱり棚
消臭力 自動でシュパッと

トイレの収納はスペースとレイアウト次第になりますが、ちょっとしたモノを置くところもないのでは不便です。**つっぱり棚**を付けて、予備のトイレットペーパーなどはそこに置いておけるようにすれば、それだけでもずいぶん違います。つっぱり棚はさまざまな商品が出ています。

便座カバーやスリッパは好み次第です。

清潔さを優先させるということで便座カバーを使わない人もいるようです。カバーがなければ、便座クリーナーでいつでも簡単に便座を拭けます。

消臭アイテムでおススメなのがセンサータイプのものです。

エステーの**「消臭力 自動でシュパッと」**などがあります。詰め替えタイプで、本体（容器部分）はお手頃価格です。

センサータイプの消臭剤には、人影を感知してトイレに入るとスプレーされるものや、一定時間おきにスプレーされるものなど、メーカーによって機能差があります。気に入ったものを使ってみるとよい

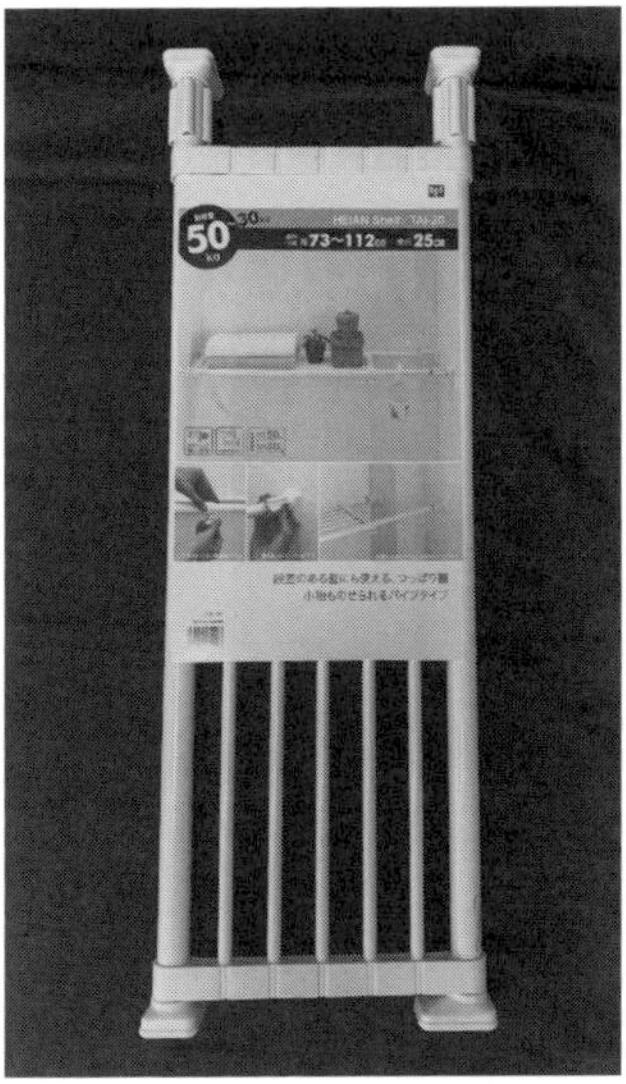

TAI-20 突ぱりパワフル伸縮棚（平安伸銅工業）。トイレの浮かせる収納として便利。

消臭力 自動でシュパッと（エステー）。時間がくるたび自動で消臭できます。部屋の快適さを求めるなら、不快な臭いは寄せ付けたくないものです。

棚に重い物を乗せると落下の危険がありますが、トイレットペーパー程度なら問題ありません。

でしょう。

24時間、消臭しているよりもエコで、香りの強さも程良い感じです。

トイレ②

静電気ホコリとりフィルター
フィルター汚れスッキリスポンジ

トイレは使用するたびに水を流しますので、湿度が高くなる傾向にあります。トイレの換気スイッチは点けたままにする人が多いと思いますが、みなさんは〝換気扇を掃除する〟という意識はもっていますか？

あるメーカーのアンケート調査によれば、1年に一度も換気扇を掃除しない人は全体の半数以上になるともいいます。しかし、換気扇を掃除しないでいると、どんどんホコリが付着していき、落とすのが大変になります。

汚れた換気扇を使っていれば、換気機能が低下するのはもちろん、ホコリが室内に飛散します。換気扇の故障の原因にもなり、思いのほかマイナス面が多く出ます。

定期的な掃除を怠らないようにするためにも試してほしいのがダイソーの**「静電気ホコリとりフィルター」**と**「フィルター汚れスッキリスポンジ」**です。

掃除のため換気扇のカバーを外そうとすると、粉雪のようにホコリが降ってきがちです。しかし、ホコリとりフィルターをペタリと貼っ

トイレの換気扇のカバーにピタッと貼って剥がすだけでホコリを予防できます。

マイクロファイバー素材でホコリを吸着するスポンジ。水拭きするだけでキレイに掃除できるのが嬉しいところ。

て、剥がせば、それだけでかなりのホコリが取れてしまいます。

　スッキリスポンジのほうはフィルター系用品の掃除に特化したもので、水で濡らして使えば驚くほど簡単に汚れを落とせます。換気扇だけでなく、エアコンのフィルターや網戸掃除にも使えるので重宝します。

節水シャワーヘッド

浴室に関しては、いかに清潔に保つかという話になりますが、何が必要で、何がいらないか、という意見の違いは出てきます。

個人的には**椅子や風《ふ》呂《ろ》桶《おけ》（湯桶）はいらない**と思っています。椅子を使うかどうかは個人差があるにしても、風呂桶のほうは、なくてもまったく困らないからです。どちらもすごくカビが生えやすいので、**いらないなら置いておかない**に越したことはありません。

どうしても風呂桶が欲しいという人は、抗菌タイプや壁に掛けられるタイプのものを利用するのがいいと思います。マグネット式のものなども出ています。

風呂桶が欲しい理由を聞いてみると、湯舟のお湯を体にかけることで節水したいからだという意見もあるようです。心がけとしては立派なものの、**節水を考えるならシャワーヘッドを取り換えるのが効果的**です。

価格帯はさまざまながら、1千円台の商品でも40～60％ほどの節水率になるものがあります。ネットなどでも効果が検証されているので、チェックしてみるのもいいのではないでしょうか。

シャワーヘッドを取り換えた場合、**備え付けのシャワーヘッドは必ず残しておくこと！**

引っ越しすることになった場合は元のシャワーヘッドに戻して、購入したシャワーヘッドは新しい部屋に持っていくようにします。

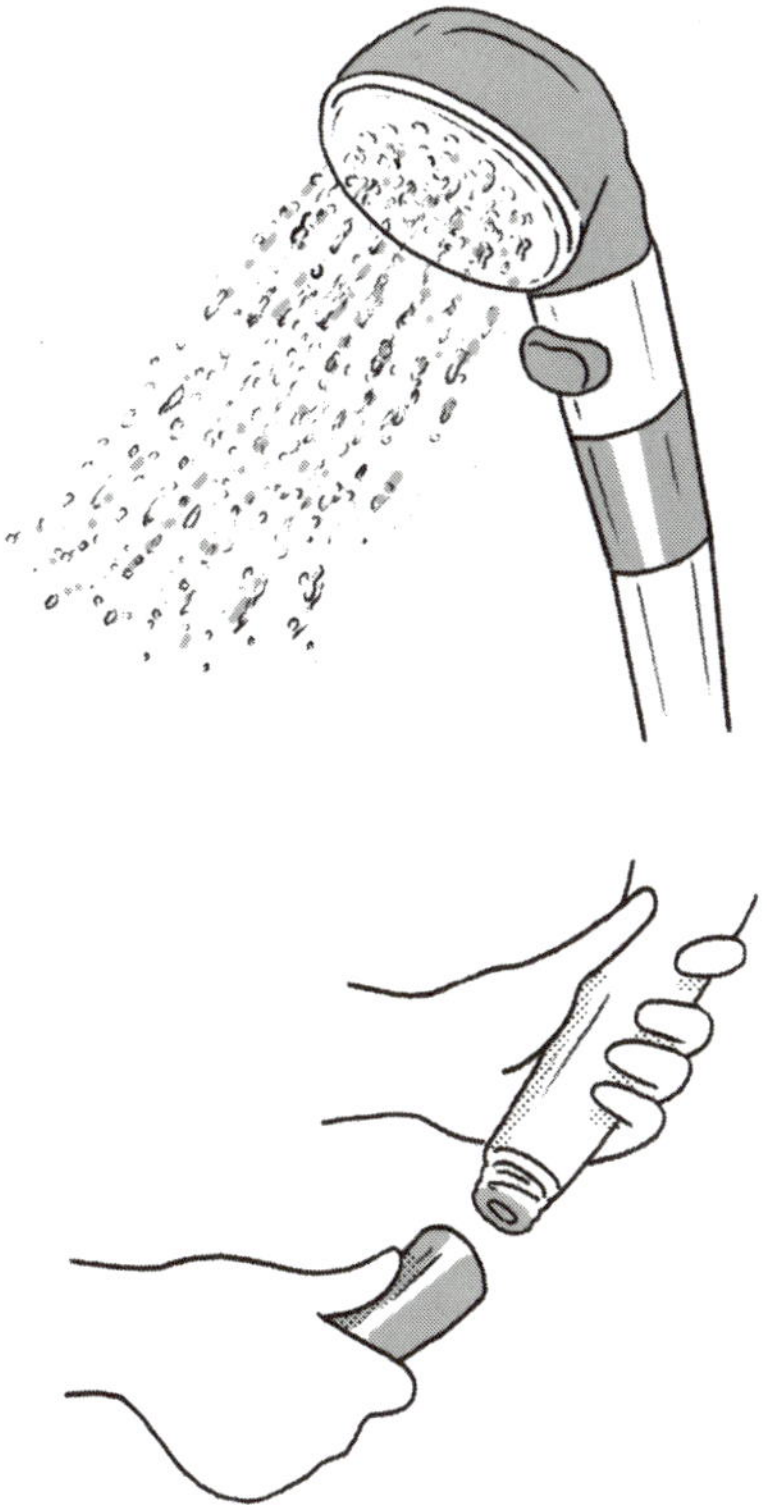

既存のシャワーヘッドを外して付けるだけ。節水機能だけではなく、水流調節機能を備えたものもあるので、気になるヘッドを探してみるのも手。

貼りつく洗面台スポンジ
貼りつく鏡のウロコ取り
バスブラシスポンジ

キッチン編では、カビ対策や掃除のしやすさを考えれば、スポンジでも調理器具でも、できるだけ宙に浮かせるかたちをとりたいということを解説しましたが、同じことは浴室や洗面台にもいえます。

優秀なのがニトリの**「貼りつく洗面台スポンジ（シズク）」**です。鏡やタイルにぴたっと貼りつけられるというだけでも点数が高い！蛇口などに付いた水アカを落とすのにピッタリです。

姉妹品として、ニトリからは**「貼りつく鏡のウロコ取り（ネコ）」**も出ています。

貼りつけられる便利さも嬉しいうえに、とにかくすごいのが鏡のウロコを取る実力です。人工ダイヤモンド粒子が入っているということで、気持ちいいくらい簡単にウロコを落としていけます。

鏡のウロコはしつこく、あきらめている人も少なくないはずなので、その取れっぷりに感動するのではないかと思います。

ニトリ3連発になりますが、**「水だけで洗えるバスブラシスポンジマイクロファイバー」**もおススメです。

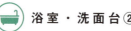

キッチン用のスポンジで〝洗剤がいらないタイプ〟（素材や形状の工夫によって油汚れなどをかき出して吸着できるようにしたもの。合成洗剤を使わなくて済むようにするためのアイテム）を見かけることがありますが、そのお風呂版です。

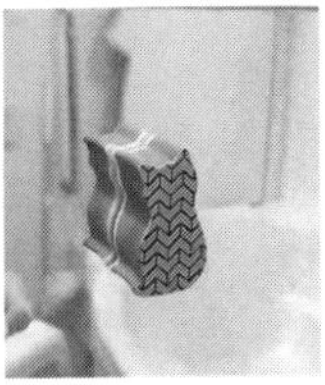

鏡のウロコ取り。1個税込499円（※）ですが、使ってみれば高いとは思わないはずです。

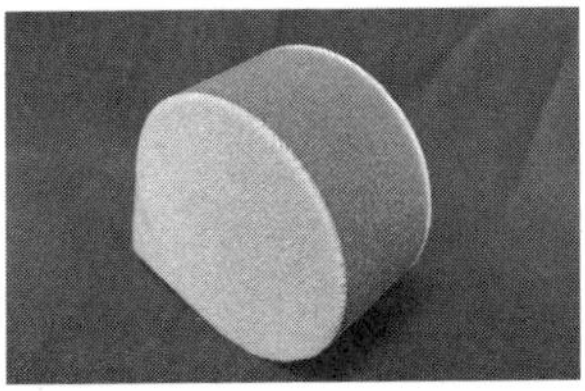

洗面台スポンジ（シズク）。2個入りで税込299円（※）とコスパも抜群の商品です。

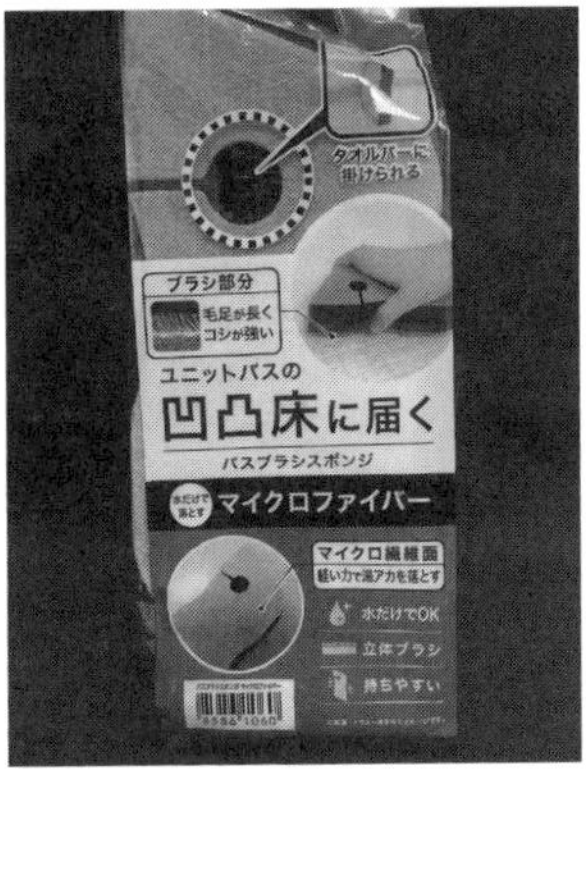

バスブラシスポンジ。タオルバーなどに掛けられる穴あき構造で置き場所に困りません。

（※一部離島での購入・取り寄せは別途手数料がかかります）

浴室・洗面台③

発泡ウレタン石けん置き 水回りの汚れ用掃除シート

無印良品の**「発泡ウレタン石けん置き」**もおススメです。お皿型の石けん置きを使っていると、石けんが溶け出して、お皿がぐちょぐちょになりやすいものです。

お皿を洗うのは面倒なうえ、石けんをヌルヌルのままにしておくと、どんどん小さくなっていきます。

この商品では、水切れのいい発泡ウレタンの上に石けんを置くことになります。見た目も清潔感があり、水切れがいいので石けんが長もちします。

発泡ウレタン石けん置きには最初からスポンジがついていますが、**取り替え用スポンジ**も売られているので、汚れなどが気になったときには取り換えられます。

無印良品の商品としては、**「水回りの汚れ用　掃除シート」**もリピーターが多いようです。研磨剤を使っていないザラザラのシートで、台所のシンクやコンロ周りの手入れによく利用されるもので、こちらは浴室でも使えます。蛇口などの水アカを落とすのに便利です。

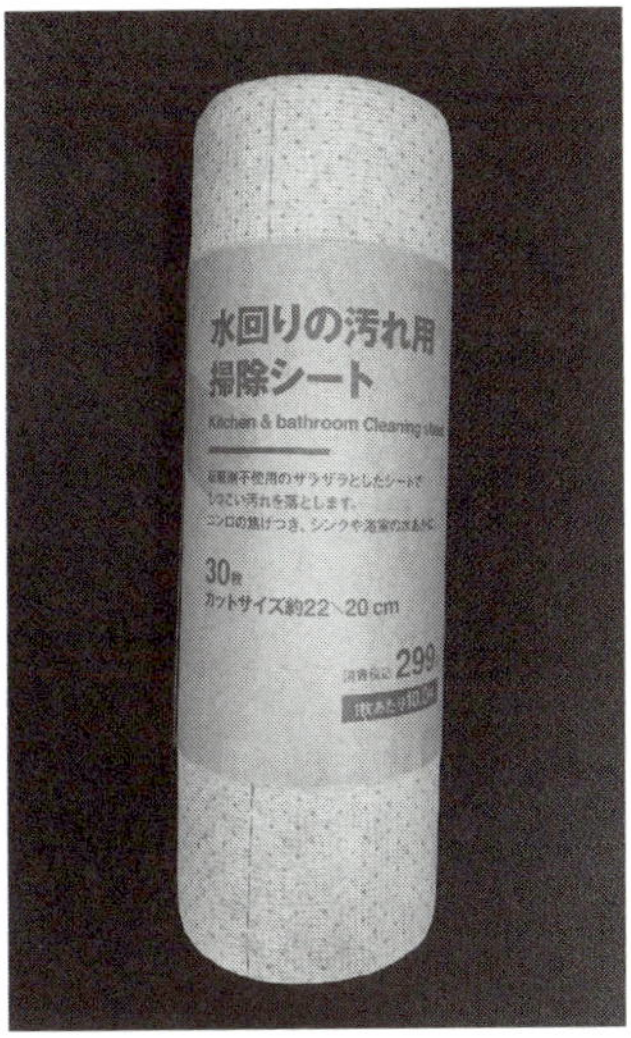

洗剤を使わない手軽さもよく、軽い力で水アカが落ちるスグレモノ。キッチンだけでなく、浴室でも活躍します。

石けん派の人におススメなのが発泡ウレタン石けん置き。石けんがすぐに乾くので快適さがアップ。

浴室や洗面台で使っている人はあまりいないかもしれませんが、ウレタンスポンジつながりということで……、無印良品の**「ウレタンフォーム三層スポンジ」**はとにかくコスパ最強！　汚れをしっかり取るナイロン不織布と、きめ細かな泡をつくってくれる高密度ウレタン、水切れのいいウレタン部分の三層構造で、食器洗いやシンク洗いに威力が発揮されます。

浴室・洗面台④

おふろの防カビくん煙剤
排水口そうじこれだけ／すき間スティック
カビ汚れ防止マスキングテープ

お風呂を清潔に保つためには、ライオンの**「ルックプラス　おふろの防カビくん煙剤」**もおススメです。

煙の成分は銀イオンで、防カビ、ピンク汚れの予防、除菌、消臭、ウイルス除去機能があります。お風呂の中にあるものをそのままにしておけば、いっしょに除菌できるので、とにかくラクです（すべての菌・ウイルスを取り除くわけではありません）。

花王《かおう》の**「強力カビハイター　排水口そうじこれだけ」**も感動的です。粉をふりかけたあと、水を注ぐとボコボコと泡が出てきて、排水口のフタ裏など、排水口周りを勝手にお掃除してくれます。

また、お風呂の窓枠やドア下、洗面台と壁の接合部などにあるゴム部分（コーキング）にはホコリがつきやすく、梅雨などにはすぐにカビが生えます。

それを防ぐにはダイソーの**「カビ汚れ防止マスキングテープ」**が超便利！　ウェットティッシュなどで汚れを落としてから、これを貼っておくだけでいいんです。

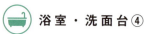

排水口に粉をふりかけ、水を注いで 30 分以上放置するだけで掃除ができます。

付属の容器に水を入れてセットすると煙が出てくるので、浴室の扉をしめて 90 分以上放置するだけ。2 カ月に一度の利用で OK です。

掃除の手間がはぶけるマスキングテープ。カビ予防にも活躍します。

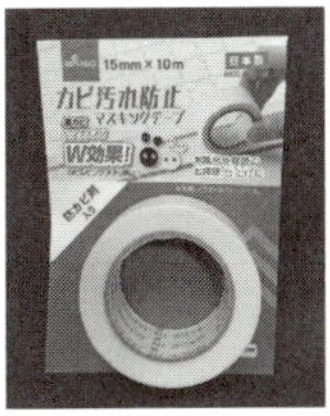

5 本 1 セットになっているカビ取りスティック。隙間の掃除に便利なアイテム。

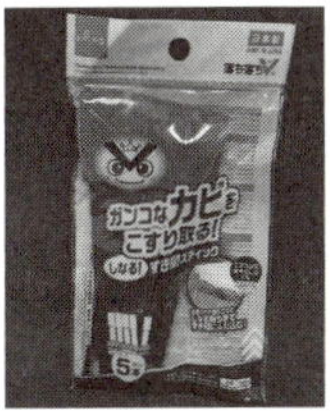

次の掃除は、そのテープを剥がすだけ。

再び汚れや湿気が気になりだしたなら同じ作業をすればいいわけです。

ダイソーの**「しなる！すき間スティック」**も掃除におススメ！　お風呂のドア下など掃除がしにくくてホコリが溜まりやすい場所で、持ち手のしなりが生きてきます。

第3章

ひとり暮らし部屋が整う 住まいの知識

居室を整える住まいのヒント

ひとり暮らしの部屋では、リビングと寝室が同居していることも多いでしょう。生活のなかで多くの時間を過ごす部屋のため、快適な空間にしたいと思うのは当然のこと。個人的な経験や不動産賃貸業者として学んだ知識から、居室を整えるヒントをお伝えします。

ロフトを就寝スペースとして考えるのは超NG!?

〝どうすれば快適な空間にできるのか?〟
〝部屋づくりでやりがちだけど、やらないほうがいいのはどんな行為か?〟
いくつか注意点は挙げられます。

部屋選びの段階から気をつけたいポイントのひとつとしては、ロフト付きの部屋があったときにどう考えるかということがあります。

「ロフトを就寝スペースにすれば部屋が広く使えるのではないか」と考える人は少なくないはずですが、実をいうとこれが失敗の元になりやすい！

部屋の熱気は上に行くので、夏場はクーラーなどを点けていてもかなり暑くなるからです。寝苦しくてたまらず、結局、寝場所を変えて、ロフトは物置になりがちです。

もし空間を有効利用したいなら、ベッド選びでも工夫ができます。

私は**ロータイプのロフトベッド**（二段ベッドの一段目のベッドがないような形態のもの）を使っていますが、これは便利です。床とのあいだに高さ1メートルほどの空間を取れるので、そのスペースを有効活用できるからです。

ベッド下に本棚を置いて本を並べ、手前にヨガマットを敷いています。ベッドの下でも圧迫感なく座ることができるので、マットの上では腕立て伏せや腹筋などのトレーニングをしています。部屋の中でもかなり好きな空間になっています。

ハイタイプのロフトベッドを選んで、その下にパソコンデスクやソファなどを置く人もいるようです。それも便利だと思いますが、あまり寝る場所が高い位置になると、やはり夏場は暑いかもしれません。

また、階段の上り下りも意外に面倒なものです（ロータイプのロフトベッドなら階段は三段くらいなのでそれほど面倒ではありません）。

ひとり暮らしのワンルームや1DKでは**家具などの配置、空間の割り当てがとにかく重要ポイント**になるので、最初の段階でこうしたこともよく考えておきたいところです。

リモートワークがあるなら、デスクの選択＆配置は重要ポイント！

リモートワークがあるなら**「オンラインの打ち合わせなどにはどの空間を使うのか？」**もよく考えておく必要があります。

Zoomなどでは背景を写真に変えられるのでそれほど神経質になる必要はありませんが、落ち着いてミーティングができる場所なのかはしっかりと検討しておくべきです。

デスク選びも大切です。

部屋が狭いと大きなデスクは置きにくいものですが、パソコン一台を載せるのがやっとの省スペースデスクでは、資料を広げながら作業をすることができません。

実際には、**収納と一体化したデスクやL型コーナーデスクなどさまざまなタイプがあ**

ります。

そうしたものも候補に考えて選ぶのがいいのではないかと思います。

ベッドでもおススメしたようにサイズ感や使い勝手が重要な意味をもつ家具は、すぐにネット購入するのではなく、店舗で使用感を確かめてみれば、失敗を減らせます。

デスクなどはとくに部屋での配置に合わせてサイズを考える必要があるので、スペースをきちんと測っておくことは基本中の基本です。

間取りの関係で「くつろぐ空間」、「仕事をする空間」、「眠る空間」をうまく分けられないと、心理的な重圧になりやすい。

部屋数が少なければ完全な分割は難しくなるので、可能な範囲でベストな空間分けを考えたいところです。たとえば、**「ベッドとデスクが近すぎると、気持ちの切り替えがしにくく、よく寝られない」、「仕事に集中できない」**という声はよく聞きます。

私などはベッドとデスクが近くても大丈夫なタイプなので、個人差もあるのでしょう。「寝ようとしても仕事のことが頭から離れない」、「仕事の途中でついベッドのほうへと行ってしまう」という人は少なくないようです。

ワンルームなどでは工夫の限界もありますが、そういうことも考慮しながら、部屋のレイアウトを考えていくといいかと思います。

水槽や観葉植物はタブー

ベッドの枕元に本棚を置くのは避けるべきです。

圧迫感につながるだけでなく、倒れてくるとかなり危険です。

実際に私は、救急医療の現場で、本棚が倒れてきたことで頭蓋骨《とうがいこつ》にヒビが入ってしまった人を診た経験があります。

もし背の高い本棚を使うのであれば、ベッドとは離れたところに設置して、**つっぱり棒などで天井と固定**しておくようにするべきです。

大地震などがあった際、もっとも多い死因が圧死です。建物の下敷きになってしまった人だけでなく、家具の下敷きになった人もいるでしょう。

地震対策という意味も含めて、**カラーボックスなどの家具にしても、立ったときの腰の位置くらいまでの高さにとどめておくのが無難**です。

そうすると、部屋の開放感が損なわれにくい。

逆に背の高い家具を置くと、それだけでものすごく部屋が狭く感じられるものです。

ひとり暮らしのために借りる部屋は、収納が少ない場合が多いので、どうしても収納家具を増やしがちになります。購入の際にはよく検討しておきたい部分です。


ひとり暮らしをしている人が、**家具の上に水槽を置いて魚を飼うケースも見られますが、絶対のタブーに近い**と私は考えています。水の管理はかなり大変なので、カビを発生させるなどのトラブルの原因になりやすいからです。


観葉植物もあまりおススメしません。

手入れを怠ると、虫が湧《わ》くこともあるうえ、結局、枯らしてしまう人も多い。

誰かが遊びに来ることを前提に観葉植物などで部屋に彩りをもたせたいということもあるのでしょう。しかし、大人になると、友人などが部屋に来るケースは想像以上に少ないものです。週に一度は来るような恋人でもいなければ、誰も来ないものと決めつけておいてもいいくらいではないかと思います。

地震対策として知っておきたいこと

姿見（全身鏡）を部屋に置く女性も少なくないようです。安全面と精神的影響の双方の観点からいって、できればやめてほしいところです。

リビングや寝室などで、常に自分の姿が映っていると、〝見られている感覚〟になり、リラックスしにくいものです。そのうえ地震などで倒れて、割れてしまうとかなり危険です。

姿見を置くなら、玄関傍《そば》の通路あたりにするのがいいかと思います。できるだけしっかり固定しておくようにしましょう。

水槽で魚を飼ったりするのはやめたほうがいいとも書きました。安全性という観点から考えてもそうです。水槽の下敷きにはならなくても、水槽が倒れるなどして、下の部屋まで水漏れが及ぶと補償問題になってしまいます。

地震対策としては、食器やコップなどをきちんとしまっておくことも大切です。

地震のあと、お店でも個人宅でも食器や瓶などが割れて粉々になっている映像がよくニュースに流れます。実際にそういうことは常に起こり得ます。

・あまり使わない食器やコップは増やさないこと
・使わないなら食器やコップは箱に入れておくなどしてしまっておくこと（できれば処分していくこと）
・棚にしまう皿と皿のあいだにキッチンペーパーを挟んでおくこと

などが基本対策として挙げられます。

食器棚にお皿を置いておく場合、下から「大↓中↓小」の順で重ねていく人が多いのではないかと思います。実をいうと、これは正解ではありません。

地震対策を考えた場合、お皿は下から「中↓大↓小」の順に重ねていくのがいい、と言われています。

揺れは下から伝わっていくものなので、大皿の上に中皿、小皿と重ねていくと、中皿、小皿の揺れ幅が大きくなりやすい。中皿の上に大皿を置けば、遊びの部分が少なくなり、大皿のところで揺れが小さくなって小皿が飛んでいく危険性が下がるのだそうです。

日本では、どの地域に住んでいても、地震の危険を考えないわけにはいかないので、こうした対策はできるだけ頭に入れておいたほうがいいでしょう。

自分でやれることに関しては、できるだけ実践すべきです。

お部屋と健康の関係

「はじめに」でも少し触れましたが、私の本職は医師のため、住まいと健康の関係について考える機会もありました。健康的な生活というアプローチから、ストレスを軽減させる整った部屋のつくり方について触れてみたいと思います。

エアコンの設定温度はどうするべきか？

快適な室内環境を維持するためには〝適切な温度と湿度を維持〟したいところです。

一般的には、**「夏季」なら温度は25〜28度、湿度は50〜60％、「冬季」なら温度は18〜22度、湿度は40〜50％**くらいに保つのがいいとされています。

節電を考えた場合、エアコンの設定温度は、夏は28度、冬は20度くらいを勧められる場合も多いのですが、それでは少し暑い、少し寒いとも感じられることもある気がします。

私自身は**夏は27度、冬は22度**くらいに設定しています。

病院などでもこれくらいの温度設定にしているところが多くなっています。この温度でもまだ暑いのではないか、寒いのではないかと思われるかもしれませんが、室内で快適にいられる温度は〝外気との差〟によるところが大きい。

夏と冬とでエアコンの設定温度が違っていても、体感としてこれくらいの温度で十分快適でいられます。

部屋の中で夏はTシャツ1枚でも、冬はシャツの上にフリースやパーカーを重ね着している人は少なくないことでしょう。冬に裸でいたいわけでないなら、22度くらいでもそんなに寒いとは感じないはずです。

節電のため、夏なら**エアコンとサーキュレーターを併用**するのも良いアイデアです。エアコンは28度や29度に設定しておき、足元からサーキュレーターで風を送るようにします。暖かい空気は上にあがっていくので、足元の風はかなりひんやりしたものになります。

同じように冬には、エアコンは20度くらいにしておき、ヒザ掛け毛布を使うようにするなどの方法もあります。

私は北海道で暮らしたこともあります。北海道ではセントラルヒーティングやパネルヒーターなどの室内暖房器具が充実しています。常に部屋の中を暖かくしているので、北海道の人はむしろ寒さに弱いともいわれているくらいです。

マイナス15度くらいの外を歩いて部屋に帰ってきたとき、室内が暖まっていれば、心底ホッとします。そのため、冬にほぼ24時間、暖房をつけっぱなしにしていたら、1か月の暖房費が5万円にもなり、驚いた経験があります。

5000円の間違いではないかと思って、他の人に聞いてみると「だいたいそんなものですよ」と言われて、それ以来、節電を考えるようになりました。

2011年の東日本大震災のあとは、多くの人が節電の意識をもつようにもなったはずです。カーボンニュートラルの実現が目標にされている時代でもあります。電気代節約のために限らず、ある程度、節電意識はもっておきたいところです。

熱中症とヒートショックに注意！

温度や湿度が適切であるかは軽視すべきではありません。

家の中で突然倒れてしまうこともある**二大リスクが熱中症とヒートショック**です。

本当に寒い地域でなければ、温度が低すぎるからといって凍死などの危険が迫ることはまずないにしても、温度が高すぎれば、室内でも熱中症になります。

最近は「我慢しないでエアコンを使いましょう」といった呼びかけがさかんになされているように**熱帯夜の就寝時などはとくに注意が必要**です。

暑い日には節電意識をもちすぎないことです。

マンションの最上階にある角部屋は人気ですが、条件的に考えれば、かなり室温があがりやすいということは知っておいたほうがいいでしょう。


ヒートショックは、急激な気温変化によって血圧が上下することで心筋梗塞《こうそく》や不整脈、脳卒中などを起こしてしまう現象です。

冬場に暖かい部屋から寒い浴室やトイレに行ったときなどに起きやすいです。

暖かい部屋にいるときは血圧が安定していても、脱衣所や浴室、トイレなどが寒ければ、血圧は急に上昇します。その後、高い温度のお湯に浸かると今度は血圧が一気に低下します。このような急激な変化が心臓などに負担を及ぼしてしまいます。ヒートショックは高齢者に多いのですが、高血圧、糖尿病、動脈硬化などがあれば、高齢者でなくとも起こりやすいものです。

誰でもリスクがないわけではないと考えておいてください。

ヒートショック対策としては、脱衣所や浴室、トイレなどが寒くなりすぎないように注意しておくことなどが挙げられます。

「湿度」が体や部屋に及ぼす影響

湿度もまた健康や生活に影響します。

湿度が低ければ、喉《のど》や肌が乾燥しがちになるうえ、インフルエンザや新型コロナなどのウィルスが活性化しやすくなります。

湿度が高ければ、カビやダニの繁殖を促進し、窓の結露が起きやすくなります。

マダニは、人の体に取りついて数日にわたって吸血を続けることもあります。体から引き離せなくなってしまうこともあるうえ、マダニが媒介する感染症もあります。直接的に人体に悪影響を及ぼす存在なので、繁殖させたくないのは当然です。

湿度の調整は意識的に行えます。

乾燥しやすい冬に湿度を高めるには加湿器を使うのが一般的ですが、**濡れたタオルを干しておくだけでも加湿効果はあります。**

加湿器を使う場合、高機能製品を買うよりも、**安い加湿器を買って、毎年買い替える**という考え方もあります。

まめに掃除やフィルター交換をしないとカビが生えたりするので、2000円程度のものを買って、ガンガン使って捨ててしまう。エコではないかもしれませんが、実際に私はそうしています。

夏の除湿に関していえば、エアコンで冷房をすれば原理的に除湿がなされます。

エアコンの機能としては「冷房」、「暖房」、「除湿」がある場合が多いはずです。冷房と除湿では、原理そのものは変わりません。

室内の空気を取り込んで水分を外に排出して、乾いた冷たい空気を室内に送り入れます。冷房と除湿は、温度か湿度か、どちらを優先するかの違いです。

除湿器を使う方法もあります。かつては専用の除湿器を使う家庭も多かったものの、最近は**衣類乾燥除湿器**なども出ています。

マンションではとくに換気が大切！

湿度に関していえば、**木造住宅には調湿機能があり、鉄筋コンクリート造は湿気がこもりやすい性質**があります。鉄筋コンクリート造は気密性が高いゆえのことです。住むには鉄筋コンクリート造をおススメしたいところですが、調湿機能があるのは木造ならではのメリットといえます。

鉄筋コンクリート造の部屋に住む場合は、**「換気をおこたらないようにする」**、**「クローゼットに除湿剤を置く」**といった最低限の注意はしておきたいところです。

ほとんど窓の開け閉めをしないで換気に気をつかわない人もいるようです。体の健康を考えても〝部屋の健康（建物としての健康）〟を考えてもよくありません。

できるだけ空気の入れ替えはしたほうがいいし、換気扇もなるべく回しておくようにするべきです。

木造住宅の場合、一般的に気密性が低く、外気が入りやすいので（すきま風があれば冬は寒くもなりがちです）、鉄筋コンクリート造ほど換気に気をつかわなくてもいいとはいえます。それでもやはり、定期的な窓の開け閉めくらいはしたいところです。

家族で暮らしているのに比べて、ひとり暮らしは肌などが乾燥しやすい面があります。人がいれば湿気が出るものですが、ひとりが出す湿気は量も知れているからです。そう考えても、ひとり暮らしの人は、加湿器を使ったり、濡れたタオルを部屋に干しておくなどの対策を考えるといいでしょう。

掃除や整理整頓《せいとん》は定期的に行うべし！

換気については、毎日、朝起きたら窓を開ける、といったことを習慣づけるのが大切ですが、掃除や整理整頓についても同じことがいえます。

気づいたときだけやる、ひどくなってからやる、というふうにするのではなく、〝いつもやる意識〟をもっておく。

週に一度は掃除をするような習慣をつくっておくことが大切です。

キッチンの水アカなどにしても、毎日掃除をしていれば手ごわいものにはならないのに、放置しておけば落とすのが大変になります。そのため、あきらめることにもなりかねません。

キッチンやお風呂《ふろ》、壁や床の汚れなども、引っ越しを決めて部屋から出ていくときの原状回復費用に影響します。

ダイソーには、**便利なお掃除シート**もあります。

「アルカリ電解水＋重曹」、「セスキ炭酸ソーダ配合」、「クエン酸配合」などの商品が出ています。

重曹には弱アルカリ性の性質があるので、酸性の油汚れや焦げ付きなどを落とす効果があります。

セスキ炭酸ソーダもアルカリ性ですが、重曹よりアルカリ度が強く、水に溶けやすい性質があります。

クエン酸は酸味成分の一種で、水回りの掃除に適しています。

これらをうまく使い分けることでも掃除が楽しくなります。

もちろん、ダイソーの商品に限らず、重曹やクエン酸などを掃除や洗い物に使っている人は多いようです。

ゴキブリや虫にも注意！

「はじめに」では、飲食店の上の部屋を借りたらゴキブリがひどかったということを書きました。

このときはまだ学生だったのですが、耐えられるレベルではなかったので、親に泣きついて、すぐに引っ越しをさせてもらいました。引っ越したあと、間を空けずにまた引っ越しをすれば出費も大きくなるので、申し訳ない気持ちでいっぱいになったものです。

虫では、てんとう虫に悩まされたこともあります。

隣が公園になっているマンションの10階の部屋を借りたときのことでした。

緑が多くて気持ちが良さそうで、10階なら窓も開けておきやすいと思っていたのに、夏になると、てんとう虫が異常発生する公園だったのです。

10階でもまったく安全圏にはなりませんでした。

ゴキブリではなく、てんとう虫ならいいのではないかと思われるかもしれません。ですが、窓の網戸をてんとう虫が埋め尽くしているようなレベルです。たとえてんとう虫でも、かなりの恐怖体験でした。

第2章ではエアコンの排水ホース防虫キャップを紹介しましたが、このときはそれをしていませんでした。排水ホースを通って部屋の中まで入ってきたくらいです。

個人的には、もう公園の傍に住むのはやめようと決意しました。

葉が生い茂っている場所なら蚊が多く、樹々が多い場所ならセミが多くなりやすい、といったことも頭に入れておくといいかもしれません。

ゴキブリについては、1階が飲食店の場合に限らず、隣が飲食店でも増殖しやすいので、気になる人は慎重になっておきたいところです。

ただし、ゴキブリであれば、市販の薬剤などを使って駆除することは可能なので〝出てから考える〟ということで対応できるケースもあります。

ゴキブリより怖いのはネズミです。

ネズミが出たらどうにもできないとも言われているほどです。

築地市場が閉場になったあと、1万匹レベルのネズミが周辺に散っていき、駆除が大変だったという話もあります。

鳥のフン害は軽視できない

ベランダでは**鳥のフン害**に遭うこともあります。

単に汚らしいだけではなく、健康被害にもつながります。

鳥のフンはアレルギーの原因にもなりやすく、クリプトコッカス症などの感染症を引き起こすカビが含まれていることもあります。

それにより実際に病気になる人もいるので、「フンがあれば放置はしないようにする」、「すぐに管理会社（大家）に連絡して対処してもらう」という姿勢でいるべきです。

一度の連絡で対策をとってもらえることもあれば、粘って苦情を言い続けているうちに対応してもらえることもあります。

どんな対策がとってもらえるかといえば、問題のベランダ、あるいはマンション全体を囲うように**防鳥ネットを張る**というパターンが多いはずです。

私も実際にそうしてもらった経験があります。

閉塞《へいそく》感があるようで抵抗を感じる人もいるかもしれませんが、私自身はこの対策をとってもらったときは「助かった！」という気持ちが強くて、ものすごく嬉《うれ》しかったものです。

見晴らしが悪くなるといっても、そこは感覚次第です。

個人的には、**窓からの眺望などは三日で飽きる**と思っています。

たとえばの話、窓からスカイツリーが見えたとしても、ずっと外を見ている人はあまりいないのではないでしょうか？　それで家賃が高くなるなら考えものです。

窓を開けたとき、目の前がネットであっても、ベランダと室内の安全が確保されるほうがずっとありがたい！　それくらいの気持ちになるものなので、部屋を決める際の内見では、ベランダもよく見ておいたほうがいいでしょう。

鳥のフンがないかというだけでなく、タバコの吸い殻などが落ちていないかも確認しておいたほうがいいです。

1階でもないのにタバコの吸い殻があったとすれば、前の住民がベランダでタバコを吸っていたのに、退去後のハウスクリーニングでもキレイにされなかったのか、上の階の住民がタバコを吸っていて落としてくるのか。どちらかだと考えられます。

部屋の傾きが、めまいなどの原因になることもある

医学的には、**部屋が傾いていると、一般の人がイメージしている以上に心身に影響が出やすい**と考えられています。

保険会社によって基準は異なりますが、0・2度から0・5度の傾きでも「一部損」と認定され、「大半損」と「全損」の境界が1度の傾きになります。

1度傾いていればゴルフボールでも勢いよく転がっていくようになるので、そういう物件が賃貸に出されていることはさすがに少ないはずです。

しかし、地震でもない限り、普通の住宅やマンションの傾きはゼロなのかといえば、そんなことはありません。

完全に水平な状態で建っている建物はむしろ少ないのです。

傾きが許容範囲で抑えられているかどうかを見るのが妥当ではないかという気がします。

傾きによって起きる健康被害は、めまい、頭痛、睡眠障害などです。

個人差はあるにしても、0・1度程度の傾きでも、めまいなどの症状が出ることはあ

ります。敏感な人なら0・002度といったレベルの傾きであっても異状を感じるとも言われます。

神経質になりすぎる必要はないにしても、健康問題に直接関わってくることです。部屋探しの段階から「傾きはないか」という意識をもっておいてもいいのではないかと思います。

スマホ用に、手軽に傾き角度が測定できる**水平器アプリ**も出ているので、気になる人は利用してみるのもいいと思います。

スマホのアプリで傾きが検知できるレベルであれば、かなり問題です。

傾きなどに関しては、新築なら心配はいらないといったことはありません。

生活していて、何かおかしいと感じて調べてもらうことで、傾きがあるのがわかったという例も少なくないくらいです。

部屋の内見で、床にビー玉やゴルフボールを置いてみたり、水平器アプリを使ってみたりすれば、不動産会社の担当者には神経質な人間だなと思われるかもしれませんが、それで審査を落とされることはまずないはずです。
やってみるのもいいのではないでしょうか。

地盤などを気にする人は、江戸時代の古地図などを見て、「もともとどんな建物が建てられていたのか」、「暗渠《あんきょ》（地下に埋設した水路）の上にはあたらないか」といったことを調べる場合もあるようです。

賃貸でそこまでする人はあまりいないでしょうが、マイホームを購入しようとする場合は、失敗しないためにそこまで確認しておきたくなることもあるわけです。

エレベーターや玄関口のドアの有無も重要

建物の構造ということでは、鉄筋コンクリート造か木造なのかを確認しておくだけでなく、**エレベーターの有無**も軽視できないポイントになります。

建築基準法によれば、高さ31メートルを超える建物にはエレベーターを設置する義務があります。

高さ31メートルというと、およそ7階建てレベルです。設置義務からいえば、6階建てのマンションでもエレベーターがない場合があってもおかしくはないわけです。

5階建て、6階建てでエレベーターがないマンションは少ないにしても、4階建てのマンションにエレベーターがないケースは珍しくありません。

「3階くらいなら階段でも大丈夫か」、「4階くらいならなんとかなるか」と考える人もいるのでしょう。しかし、階段の上り下りは毎日のことです。最初のうちは健康のためにもいいだろうと思っていても、次第に嫌になっていくのではないかと想像されます。

多くの荷物を持っていたり、足や腰を痛めたりしているときなどは3階くらいでもかなりきついものです。

そうしたストレスがあるだけでも快適な生活とはいえなくなるので、安易に大丈夫だろうと決めつけてしまうのは疑問です。

第1章でも書いたように、玄関とリビングのあいだにドアがあるかないかの違いも大きい！　ドアがない場合、暖簾《のれん》や移動式パーテーションを使うことなどで、多少は誤魔化せるにしても、デメリットのすべてをカバーできるわけではありません。

自分ではどうにもできないという意味では、**脱衣所**もそうです。

三点ユニットバスの場合は、そもそもトイレあたりの空間を脱衣所にするしかなくなりますが、お風呂場が独立しているにもかかわらず脱衣所がない、というような物件もなくはありません。内見せずに部屋を決める場合であっても、間取り図を見ればわかることなのに、住んでみて初めて「あれ、脱衣所は⁉」と気づくケースもあるようです。

そうなれば、その瞬間、部屋選びに失敗したことを痛感することにもなるわけです。

誰だってそういうことは絶対に避けたいはず！

次章でも解説するように、慎重に部屋選びをしてほしいところです。

第4章

理想の部屋を求めて
～引っ越しを決めたら知っておきたいこと

理想の部屋づくりは引っ越しから始まる？

ここまでは理想のひとり暮らしの部屋について話してきました。私自身、理想の部屋を見つけるまでは失敗も繰り返してきました。そのため、より過ごしやすい部屋を求めていくと引っ越しという選択は避けられないだろう、とも感じています。部屋探しのポイントや内見でチェックしたい事柄を知り、みなさんには失敗のない引っ越しをしてほしいと思っています。

引っ越しは大変！

引っ越そうと決めたあとにはどうしていくべきか？
当たり前のことですが、まず物件を探すことになります。
その際には〝**ダメな部屋は絶対に借りないこと**〟！
どれだけ工夫をしても快適な暮らしは望みづらい部屋、解決しようがない問題をかかえている部屋はやはりあります。

そういう部屋に引っ越してしまうと、すぐにまた引っ越したくなります。

経験がある人はわかるはずですが、引っ越しには大変なお金がかかり、時間を要します。余計な出費を避けるためにも部屋選びは慎重のうえにも慎重を期したいところです。

引っ越しは、不動産会社を回るなどして、部屋を決めることから始まります。

・大抵は、礼金、敷金、仲介手数料、家賃（これまで借りていた部屋と、新しく借りる部屋の双方の家賃を重複して払うことになるケースがほとんど）が必要になるので、それだけでも**5～7か月分の家賃を一括で払うこと**になります

・**引っ越しに業者を使えば、ひとり暮らしでも4～8万円くらい**かかります。家具が少ないことを想定しての金額なので、家具などが多ければ10万円を超えることもあります

・次の部屋が決まったあとは、それまでの部屋の荷物をまとめ、引っ越し後は新しい部屋で荷物を開けます

・引っ越し前後には**電気、ガス、水道などの解約と新たな契約手続き**も必須！

・**住民票の移動、運転免許証の書き換え、銀行口座やクレジットカード、そのほか各種契約の住所変更**も行う必要があります

お金や時間の問題だけでなく、心的負担も非常に大きい！

稀《まれ》に「引っ越しが好き！」ということで、驚くようなペースで引っ越しを続ける人もいますが、普通に考えれば、引っ越しをしないで済むなら、しないに越したことはありません。

先にも書いたように、コスパを考えても、ひとつの部屋に長く住むのがいいわけです。

卒業、就職、転勤といったことがなければ、同じ部屋に住み続けるのが理想といえます。

そのためにもまず、いい部屋を選ぶこと。

そのうえで、また引っ越したいなどとは思わない快適な部屋にしていくことです。

引っ越しは大変！　その手順をおさらい

① 引っ越し先の候補になる町、家賃を考える

- 引っ越し時には契約段階で5~7か月分の家賃が必要になるのを頭に入れておく

② 物件を決める

- 理想の部屋を探すため、この章などを参考に「優先順位」「チェックポイント」を考えておこう

③ 入居審査・契約

- 希望物件が空いているからといって、審査が通るとは限らない
- 以前は連帯保証人が求められたが、現在は保証会社が使われることが多い。契約時には身分証明書、印鑑、住民票の写しなどが必要

④ 引っ越しの方法を考える

- 引っ越し業者を利用するのが一般的
- レンタカーなどを借りて自分で行うこともある

⑤ 引っ越しの準備を進める

- 電気、ガス、水道の解約手続きと、新規申し込みが必要
- 郵便物の転送手続き、固定電話の移転手続きが必要
- インターネット回線の解約手続き、新規申し込みが必要
- 役所に転出届を提出
- 荷物の整理、新しい部屋で必要となる物を用意
- 引っ越し先の掃除

⑥ 引っ越しと、その後の手続き

- 引っ越しをして、部屋づくりをする
- 役所に転入届を提出
- 運転免許証、銀行口座、クレジットカードなどの住所変更
- 住んでいた部屋を掃除し、不動産会社へ鍵を返却

引っ越し初日に必要な物
&後からでもOKな物

家電

使用頻度の高い物から揃える

- **冷蔵庫**（置く場所も確認）
- **電子レンジ**
- **洗濯機**（置く場所も確認）
- **照明・電球**

家具

部屋の広さに見合ったものを選ぶ

- **寝具**（まずは布団のみでもOK）
- **カーテン**（遮光、遮像がおススメ）
- **テーブル**
- **収納棚**（荷ほどきがはかどる）

生活用品

忘れると不便な必需品

- **トイレットペーパー**
- **タオル**
- **シャンプー、ボディーソープ**
- **フローリングワイパー、雑巾**
- **洗剤**（洗濯用、食器用）
- **箸、皿、コップ**

雑貨

- **ドライバー**（家具の組み立て）
- **カッター、ハサミ**
- **軍手**（滑り止め付きがおススメ）
- **傘**
- **ごみ袋**（多めに準備）
- **脚立**（電球取りつけなどに）

引っ越し後の準備でもOK

- **炊飯器**
- **テレビ**
- **掃除機**
- **コーヒーメーカー**
- **PC**
- **除湿器、加湿器**

引っ越し時、最初のトラップとは？

二重家賃の問題とも関係しますが、引っ越しをする際にはいきなり〝トラップ〟に引っかかってしまうこともあります。

気をつけたいのは、引っ越しを考えたとき、それまで住んでいた部屋の管理会社（大家）に対して**〝いつ退去の連絡をすればいいか〟**という点です。

これまでは「1か月前までの連絡」が義務付けられている場合が多かったのに、最近は**「2か月前までの解約予告が義務付けられるケース」**が増えてきました。

「3か月前まで」ということもあります。

聞いてないよ～！　と思うかもしれません。しかし、解約予告期間については賃貸借契約書に書かれています。契約時に説明があったのに覚えていなかったというケースが多いのだと想像されます。「そもそも説明がなかった」と主張したとしても、言った言わないの水掛け論になるだけです。契約書に書かれている以上、主張はまず受け入れられません。

どうして2か月前の解約予告が求められるようになってきたかといえば、貸主の側では、できるだけ空室の期間をつくりたくないからです。入居者に解約されるとわかれば、なるべく早く次の入居者を見つけたいということです。

契約書で2か月前までの解約予告が義務付けられていながら、連絡が遅れた場合、連絡後2か月分の家賃を払わなければならなくなるので、さらに支出が大きくなります。

では、解約予告はどのタイミングで行えばいいのか？

どうすれば、二重家賃を払わずに済むのか？

そこで悩む人も多いでしょう。

いっさい二重家賃を払わないようにするのはなかなか難しいといえます。

たとえば3月中旬に新しい部屋を契約して、4月1日に入居するので、家賃はそこから払うことにしてほしいと要望しても、受け入れられることはまずありません。

よほど良心的な大家か、人気のない部屋でもない限り、契約は先延ばしできず、**契約した日から家賃を払うのが通常**だからです。

引っ越しをすることにしたなら、まず引っ越し予定日を決めて、解約予告をしてしまう。そして解約日の1か月ほど前から部屋探しを本格化させる。それが現実的な順序といえます。

その1か月のあいだに引っ越し先が決まらなかったらどうすればいいのかと不安になるのはわかりますが、何かの事情などがあって引っ越しをする場合には〝4月1日までに○△町に引っ越す〟といったことがミッションになっている場合が多いのではないかと思います。そうであるなら、是が非でも解約を決定するしかないわけです。

理想か節約か？ それが問題だ

絶対的な理由があるわけではなく、今の部屋が嫌になったから引っ越す、気分転換に引っ越す、といったケースもあることでしょう。新しい部屋を決めるのにいっさいの妥協はしたくないというのであれば、新しい部屋を決めてから解約を伝えるしかありません。そうであれば、ある程度、二重に家賃を払うことになるのは受け入れるしかありません。

都内の1DKなどであればかなりの額になるので、理想を求めるか出費を抑えるか、どちらを選ぶかです。

月収から考える、東京23区の住みやすい町

東京23区で25㎡の部屋にひとり暮らしする場合、必要な手取り月収の一覧はコチラです。

※カッコ内は各区の平均家賃

月収20～24万

・足立区（6万8,880円）　・葛飾区（6万9,611円）
・江戸川区（7万338円）　・板橋区（7万4,610円）
・北区（7万5,377円）　・練馬区（7万6,084円）
・杉並区（7万9,216円）

月収24～28万

・荒川区（8万217円）　・大田区（8万7,231円）
・豊島区（8万8,701円）　・台東区（8万9,023円）
・世田谷区（8万9,442円）　・品川区（9万2,096円）
・墨田区（9万2,416円）

月収28～32万

・中野区（9万4,310円）　・江東区（9万4,960円）
・目黒区（9万4,982円）　・渋谷区（9万9,199円）

月収32～37万

・中央区（10万8,266円）　・新宿区（11万298円）
・文京区（11万2,421円）

月収37万～

・千代田区（12万3,409円）　・港区（14万1,428円）

参照：LIFULL HOME'Sの2023年の調査
※ 家賃はさらに上昇傾向
※ 家賃を手取り月収の3分の1以下と設定
※ 25㎡は単身者が「健康で文化的な住生活を営む基礎として必要不可欠」な面積の水準
（国土交通省が提唱）

２か月前に解約予告をしていながら、新しい部屋が決まらなかったときに、「やはり今後も住まわせてください」というえば撤回は通用するのかといえばケースバイケースでしょう。新しい入居者が決まっていなければ認められることもあるかもしれません。しかし、次の入居者が決まっていたならさすがにそうはいかないはずです。

部屋探しのファーストステップ不動産会社選びのポイント

部屋探しに性善説は通用しない⁉

不動産業界についてあまり悪くは言いたくありませんが、業界のルールに精通していなければ、トラップではないかと感じるようなことが多々あるのが現実です。公益社団法人「首都圏不動産公正取引協議会」も公正な表示を求めて、違反例などを紹介しています。

たとえば次のような場合は「おとり広告」と考えられます。

①契約済み、または入居済みで取り引きできなくなっているのに、新規に情報公開し、10か月以上継続して広告

②入居済みとなったあと、長いもので9か月以上、短いもので1か月以上継続して広告

おとり広告とは、販売・賃貸する意思がない物件や、販売・賃貸できない物件について広告を出すことです。

それを見て連絡や来店をしてくるお客さんに他の物件を紹介するための〝客寄せ〟です。

「物件名が非表示になっている」、「一社のみの扱いになっている」場合などもおとり広告の可能性が高いといえます。一般の人がすぐに見抜くのは難しいかもしれません。

客を騙《だま》そうとしていることなんてないだろうといった考え方……性善説は通用しない世界だというふうに考えておいたほうがいいでしょう。

首都圏不動産公正取引協議会は次のような広告も違反例として挙げています。

・保証会社の利用が必要である旨や保証料が不記載
・「敷金なし」「ペット可」と広告していながら、ペットを飼育する場合は敷金1か月になる
・「駐輪場あり」としていながら、利用料が必要なことには触れていない

・「鍵《かぎ》交換費用」、「24時間サポート費用」、「ルームクリーニング費用」、「室内抗菌費用」、「エアコン清掃費用」などを求めるにもかかわらず、広告には不記載

このうち保証会社については第5章で解説します。

部屋探しをしているなかで、こうしたケースのどれかに当てはまった場合には、良心的な不動産会社ではないと考えるようにするのがいいはずです。

部屋探しの基本は、住みたい町の不動産屋を回ること

部屋探しをする際、インターネットを活用するのか、足を使って不動産会社に行くのか？

どちらがいいかと悩まれる人も少なくないかもしれません。

私としては、引っ越しをしようと考えている町に実際に行ってみて、駅前にある不動産屋に行くことを勧めたいところです。

先にも書いたように大抵の物件は複数の不動産会社が扱っているうえ、インターネットにはおとり広告も交じっています。不動産会社に連絡して来店を促されて行ってみる

と、「あの物件は先ほど決まってしまったのですが、あの物件以上におススメの物件がありますなどと言われるケースもよくあります。

だとすれば最初から、現地の不動産屋に行ってみたほうが早いといえます。

多くの物件は、複数の不動産会社が扱っているものですが、大手不動産会社が扱っていて、インターネットに出ているような物件は、地元の不動産屋も扱っている可能性が高いといえます。

そのうえ、**大手不動産会社が扱っていない物件を、地元の不動産屋が単独で扱っているケース**も少なくありません。長くその地で営業していれば、地元の大家さんとの付き合いが生まれ、信頼されている場合も多いからです。

ネットの評判などから住みたい町の目安をつけて、Ｇｏｏｇｌｅマップのストリートビューで町の雰囲気を掴《つか》むこともできますが、やはり実際にその町に行ってみてこそ感じられる部分はあるものです。足を運んでみて、ますますその町が気に入ることもあれば、「この町は期待外れというか、むしろ住みたくない！」と感じるケースもあるでしょう。そういうことを考えても、直接、足を運ぶのがいいわけです。

即決はしないで「見積もり」を出してもらう

町の不動産屋に行ってみて、契約しようかと思える物件を見つけたとしても、その場で即決はしないで他の不動産屋にも行ってみることをおススメします。

他にいい物件があるかもしれないからですが、それだけではありません。その物件を他の不動産屋も扱っていて、契約内容などが違っているケースもあるからです。

他の不動産屋でも、同じ物件を扱っているのがわかった場合は、**「相見積もり」を依頼**する方法もあります。

相見積もりとは、同じ物件の見積もりを複数の会社に出してもらうことです。

同じ物件であっても「家賃や礼金などの設定が違う場合」、「交渉次第で家賃や礼金などを変えられる場合」があります。

業者間で競争原理が働くのは当然のことであり、貸主（大家）との関係性次第では、不動産会社の側から家賃や礼金の変更を提案できることもあるからです。

見積もりが欲しい場合、その場で頼んでもいいのですが、電話でも大丈夫です。

「ネットでこの部屋を見たんですが、見積もりをメールかＦＡＸで送ってください」と言えば対応してもらえます。対応してもらえなければ、その不動産会社は親切ではないと判断して利用をやめればいいだけです。

インターネットに出ているひとつの物件について、複数の不動産会社に同じ依頼をすれば相見積もりになります。そこで複数の会社が見積もりを出してくれたなら、おとり広告ではないとも判断できます。

「自社管理物件はありますか？」は神質問

賃貸物件のなかには特定の不動産会社が管理までを担当している**「自社管理物件」**もあります。数軒の不動産会社を回ってみて、ひとつの不動産会社にしか情報が出ていない物件があったとしたなら、自社管理物件の可能性が高いといえます。

自社管理物件では管理費などを不動産会社の側で取れるので、他の物件よりも優先して勧めてくることが多くなります。

「ＡＤ付き物件」というものもあります。ＡＤ付き物件で成約できた場合は、貸主側から不動産会社に対して「広告費」(業務委託報酬)として家賃1か月分や2か月分などが払われます(前者がAD1、後者がAD2)。そのためやはり優先して勧めてくるようになりがちです。

AD付き物件かどうかは、客側でもわかります。「マイソク」と呼ばれる物件情報(不動産屋で常に提示される紙資料)の右下あたりにAD1、AD2(あるいはAD100、AD200)などと記載されているからです。

インセンティブがある物件からまとめていきたいというのは当然の心理です。AD付き物件だから、というだけで問題を感じることはありませんが、そういう物件もあるのだということは頭に入れておいてもいいかもしれません。

部屋を探している側が好んでAD付き物件を求める理由はあまりありませんが、自社管理物件には、交渉や相談がしやすい、入居後の不安が減らせる、というメリットがあります。

「自社管理物件はありますか?」と聞けば、教えてくれるはずであり、これはある意味〝神質問〟だともいえます。

当たり前のように「ないですね」などと返してきたとしたなら、少々問題だからです。
自社管理物件が多いのは、それだけ大家さんに信頼されているということ。
自社管理物件がないというのは、その逆だとみなせるからです。

路面店か空中店か？

実店舗の不動産屋に行く際には**「路面店を選ぶのがいい」**ともよく言われます。路面店とは、1階にあり、道路に面している店舗のことです。

大抵の駅前には、店の前に物件情報を貼りだしている年季の入った不動産屋があるものなので、そういうところを選ぶのがいいということです。

信用できるかどうかの**判断が難しいのは空中店**です。

ビルの5階などに入っている店舗のことです。そのビルで営業を始めてまだ間もない場合もあるので、1年後、数年後にも営業を続けているとは限りません。一概にいえることではないので、決めつけるような書き方をすれば怒られることにもなるのでしょう。

しかし、一般論としてそういうイメージをもたれているのは確かです。

また、大手不動産会社の看板を掲げていても、**フランチャイズ加盟**しているだけで、

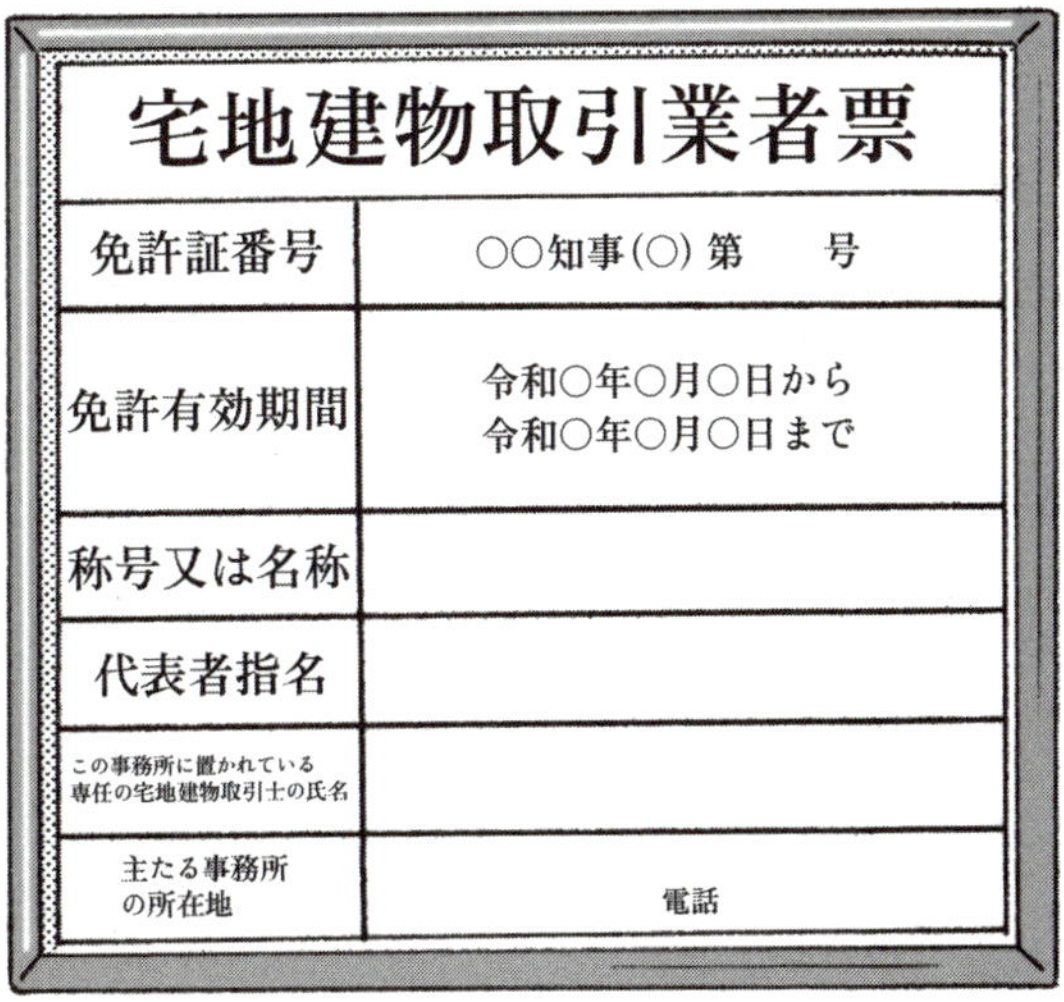

出典：国土交通省のサイトより

組織としては完全に別会社だというパターンもよくあります。ネットワークなどでつながってはいても、看板はあくまで看板です。

その場合、請求書や領収書などは元の会社の名義で出されます。

町の不動産屋でも大手不動産会社の店舗でも、店舗内には必ず、客の目につく場所に**宅地建物取引業者票**が掲示されています。

この上部には「――知事（○）第△△△号」もしくは「国土交通大臣（○）第△△△号」というように免許番号が書かれています。

事業所が一つの都道府県に収まっている場合は知事免許で、事業所が複数の都道府県にまたがっている場合は国土交通大臣名義の免許になります。

宅地建物取引業者票を見れば営業年数の目安はつけられる

宅地建物取引業者票のなかでカッコ内にある○の部分に入るのが免許の更新回数です。1996年までは3年に一度の更新が義務付けられていましたが、それ以降は5年に一度の更新になりました。

(1)なら5年未満
(2)なら5年以上10年未満
(3)なら10年以上15年未満
(4)なら15年以上20年未満
(5)なら20年以上25年未満

とわかります。

ただし、最初は一つの都道府県内で営業していた不動産会社が他県での営業を始めたことにより知事免許から国土交通大臣免許に替わった場合はカッコ内に入る数字が1に戻ります。国土交通大臣免許（1）になっていたからといって営業年数が短いとは限らないわけです。

空中店は信頼できないということではまったくありませんが、更新回数が1回の空中店が1年後にはその場所からなくなっているケースはそれほど珍しくはありません。


多くのチェーン店をもつ大手不動産会社はそれだけ信頼できますが、個人的には、**その土地で長く商売を続けている店舗**をやはりおススメします。

ひとつの土地で長くやっていられるのはおかしな商売をしていない証《あか》しといえます。〝その町の事情通〟でもあるはずなので、「ここはいい町なんだけど、あの界隈《かいわい》は危険」というように、地元ならではの情報を教えてくれることもあります。

ひとり暮らしでは治安面も大切なポイントです。その点で慎重になりたいなら、こうした不動産屋で話をよく聞くか、近くの交番に行ってみて「この町に引っ越そうかと思ってるんですが、治安面はどうでしょうか？」と尋ねてみるのもいいのではないかと思います。

意識しておきたい　内見のイロハ

内見では、敷地内の様子から注意！

実際にどんな部屋なのかを見に行くのが「内見」です。

内見というと、部屋の中に意識がいきがちになるものです。しかし、失敗しない部屋選びのためには〝敷地内がどうか〟というところから目を配っておくのがいいと思います。

マンションの規模にもよりますが、駐車場や駐輪場、ごみ置き場、エントランスホールなど、多かれ少なかれ共有部分があるものです。

共有部分にこそ住民のマナーが表れます。

ルールを守らないようなタイプの人たちが住んでいるようなら、やはり快適な生活は送れないので注意して見ておきたいところです。

以下が、主な注意点です。

- 敷地内に無断駐車がないか
- 「無断駐車禁止」と書かれたコーンが並んでいないか
- ごみ置き場が乱れていないか、分別されていないごみや粗大ごみなどがないか
- 駐輪場の自転車はきちんと整列されているか
- いかにも盗難されてきたような自転車が放置されていないか
- エントランスに防犯カメラがあるか
- エントランスに「騒音注意」「マナーを守りましょう!」などといった貼り紙がないか
- 宅配ボックスがあるか。ボックスの数が部屋数に対応しているか
- 集合ポストの周りにチラシが散乱していないか
- チラシを捨てるためのごみ箱が設置されているか
- エレベーターに防犯カメラはあるか
- エレベーターの壁に落書きはないか
- 廊下に私物が放置されていないか

・廊下などですれ違った住民がいたとすれば、違和感はなかったか

ごみ置き場などはとくに住民のマナーが表れやすい部分です。

ひとり暮らしの人が多いマンションでは、**収集日を無視したごみや分別されていないごみが出されていること**がよくあります。管理会社が入っていても、比較的長いあいだマナー違反のごみなどが放置されているケースも少なくないので、よく見ておきたい部分です。

廊下などの共有スペースに通行のさまたげになるような私物が放置されていたとすれば、消防法に違反していることにもなります。

住民のマナーが悪いだけでなく管理体制に問題があります。消防機器などの点検も怠っている可能性も考えられます。

廊下に出されているのが古新聞や古雑誌くらいのものでも、見過ごすべきではありません。

"困った住民"はいないか

最近は、ワンルームマンションなどでも玄関口やエレベーター内に防犯カメラを設置しているところが増えてきました。顔認証しなければエントランスのドアが開かないところもあります。

防犯レベルを気にするのであれば、そういう物件を優先して考えてもいいかもしれません。

エレベーターに落書きがあったりすれば、住民の質が疑われます。

エレベーターの壁に養生シートやカーペットのようなものが張られている場合も、落書きなどを隠していることがあるので注意が必要です。養生シートを張るのは、引っ越しの搬入などで傷がつかないようにするのが主目的ですが、そういう可能性もあるということは頭に入れておくといいでしょう。とはいえ、シートを外して確かめさせてもらうのはさすがに難しいかと思います。

掲示板などにマナーを注意喚起するような貼り紙があれば、実際にマナー違反の問題が発生していると見て、まず間違いありません。

大家側、管理側とすれば、そうした貼り紙はしたくないものです。苦情などが出ているからこそ、貼り紙をせざるを得なくなっているわけです。

ごみの出し方やタバコの喫煙場所、ポイ捨てに対する注意がされているなら、実際にそういう問題がある住民がいるということ。

「騒音注意」と書かれているなら、うるさい人がいることは疑いえません。

「周辺住民から苦情が出ています」とまで書かれていたとすれば、かなりひどい状況なので、そういうマンションには入居しないほうがいいと思います。

部屋のレイアウトなどがいくら気に入ったとしても、**住民トラブルがあればストレスは相当なものになります。**

〝できれば隣人にしたくない困った人〟はどこにも一定数はいます。

無神経な人、キレやすい人、実際に犯罪行為に手を染めている人など、さまざまです。

本当に困った人は「100人に1人くらい」だという説を聞いたことがあります。そういう数字を鵜呑《うの》みにはできないものの、実際にそれくらいだとすれば、ひとり暮らし向きの小規模なマンションではそういう人がいる確率はそれほど高くはないことになります。

だからといって、その可能性がないわけではありません。

戸数が少ない集合住宅に困った人がいた場合には、それだけ影響が大きくなります。

そんな不安を減らすためにもマナーが守られているかは注意しておきたいところです。

夕方の内見もおススメ

困った住民がいないかを確かめる意味では**夕方以降に内見**する方法もあります。ひとり暮らしが多いマンションでは、日中、部屋にいる人が少なく、シーンとしているのに、夕方以降、住民が帰ってき始めると騒がしくなるパターンもあるからです。

私自身、まさにそういう状況に直面した経験があります。

6時頃に内見に行ったとき、かなり大きな声で母親が子供を叱っているのが聞こえてきたことがあったのです。そもそも単身者用の賃貸物件なのに親子が住んでいることに驚きましたし、そういう家庭が隣室だったりすると、かなりうるさくなりがちなので注意したいところです。

遅い時間の内見に不動産会社が対応してくれるかは微妙なので、仕事の都合などを理由にして「5時頃でもいいでしょうか？」などと確認してみてもいいかもしれません。

内見で、ここに決めようかという気持ちになってきたなら、そのあと、夜にひとりでもう一度行ってみる手もあります。部屋には入れませんが、マンション周辺の夜の様子がわかるので、意味はあります。

オンライン内見だけで決めるのは危険

コロナ禍では「オンライン内見」も増えましたが、**オンライン内見で見せてもらえるのは基本的に部屋の中**だけです。

ごみ置き場をはじめとした敷地内の様子まではなかなか確認できません。

オンライン内見では、不動産会社の担当者だけが部屋に行き、客の要望を聞きながら部屋の様子をスマホなどで映してくれるやり方が多いのですが、「共有部分のあそこもお願いします」といったリクエストを連発した場合はどうなるか？　どこまで対応してくれるかということでは担当による違いが出るにしても、面倒がられる場合が多いはずです。

また、音や臭いのような感覚的なものは伝わってこないので、オンライン内見だけで決めてしまうのは避けて、実際に足を運んでの内見をしておくべきだと思います。

部屋の内観を写真で見せてもらえる物件もありますが、当然ながら、できるだけよく見えるように撮っているものです。

部屋を広く見せるため、パノラマ機能を使っていたり、窓から体を乗り出して、可能な限り引きの画になるようにして撮っていたりすることもあるくらいです。

そのため、写真を見るだけで決めるようなことは絶対にやめるべきです。

メジャーとメモは内見のマストアイテム

部屋の中でもチェックポイントは数多くあります。

持ちものとしては、**カメラ、メジャー、方位磁石、水平器**を用意したいところです。

スマホがあればおよそ代用できます。

ただし、メジャーに関しては、スマホよりも実際のメジャーのほうが測りやすい場合も多いので、用意しておいたほうが無難です。

メモとペンも用意しておきたいマストアイテムです。

やはりスマホで代用できますが、手書きのほうが手間どらないという人は持っておくべきでしょう。

現在住んでいる部屋で使っている家具のうち、新しい部屋に持っていく予定のものがあるなら、前もってそのサイズも測っておいて、メモを持参しましょう。

ベッド、本棚、デスクなど、大きなものについて、新しい部屋でどう配置するか、うまく収まるかをその場で検証しておいたほうがいいからです。

新しく家具を購入するつもりでいるときは、新しい部屋の空間をどう使うかを考えてみたうえで、それぞれの空間の幅などを測っておけば、間違いが起きにくくなります。

その際、冷蔵庫置き場の広さを測るときには、背面の壁に対して、ある程度、余裕をもって設置することを前提にする必要があります。

洗濯機置き場に防水パンがある場合は、防水パンの外側ではなく内側で測ります。

玄関ドアの幅にも注意！

玄関や廊下の幅も測っておくべきです。

ベッドやソファ、タンスや本棚、テーブルなど、**大きな家具を搬入しようとしたとき、入れられない可能性**もあるからです。

部屋の扉は外せても、玄関の扉は外せないので、場合によってはベランダから搬入する必要が出てきます。

そうなってくると、そのための手続きや追加費用が大変です。

玄関ドアの一般的なサイズは、幅が80～85センチ、高さが200～240センチ程度です。幅が70センチに満たない玄関ドアもありますが、**家具の搬入や人の出入りを考えても幅80センチ以上あることは最低限望まれます。**

幅が1・5メートルあると、大人2人がすれ違うように出入りできるので、それくらいの幅があるのは理想的といえます。しかし、ひとり暮らし向きのマンションではそこまでの玄関を望むのはさすがに難しいでしょう。

北枕は縁起が悪い、はもう古い

水平器も用意したいというのは、前章で解説したように傾きがないかを確認するためです。

方位磁石は窓がどちら向きかを確認するためです。

部屋の中でベッドをどこに置こうかと考えたとき、枕がどちら向きになるかもわかります。

以前は北枕は縁起が悪いと言われていたものの、今はむしろ、**北枕が推奨されること**も増えてきました。

北枕は縁起が悪いと言われていたのは、お釈迦《しゃか》様が亡くなったときに頭を北に向けていたことが起源とされます。

それにならって日本の葬儀では、亡くなった人を安置するときに頭を北向きにしていたので〝北枕は亡くなった人がするもの〟というイメージが定着しました。

それだけではなく、「北から吹いてくる北風が寒いのも理由」だとも言われています。

しかし、お釈迦様が生誕したインドでは、北枕のほうが縁起がいいとされているそうです。風水的にも北枕は金運や恋愛運があがると言われているうえ、東洋医学では眠るときには頭のほうを寒くしたほうがいいとも言われます。「頭寒足熱《ずかんそくねつ》」という言葉もあるほどです。そうしたこともあって北枕が見直されるようにもなってきました。

風水では「南枕は良くない（逆に、人気運、才能運をあげるという説もある）」、「西枕は落ち着いて寝られる（ただし、そのため老いが連想される）」、「東枕はやる気が出る」などとも言われています。それぞれ一長一短があるようなので、本人がどう考えるか次第です。西枕は「金運や家族運をあげる」とも言われていることから、最近の人気だそうです。

盲点となりやすいチェックポイントは？

他にもチェックしておくべきポイントは少なくないので、一覧にもまとめておきます。とくに注意しておくといいのは次に挙げる点などです。

リビングでは**「日当たりと風通しはどうか」**は必ず確かめておきたいところです。できれば、いちど窓を開けさせてもらうべきです。

風通しがどうかがわかるだけでなく、いきなりタバコの煙が入ってきたり、変な臭いがしてくることなどもあるかもしれません。

リビングでは、家具の配置をイメージしながら広さをチェックしていくだけでなく、**コンセントの位置**なども確認しておきたいところです。コンセントが少なすぎる、位置が悪い、といったケースもあるからです。

スマホ（携帯電話）の電波状態とWi－Fi接続状況も確認しておくべきです。

通信会社によっては、電波が弱く、場所によっては電話がつながらないといったことも起こり得ます。とくに高層階や半地下などではそうなりやすい。

入居を決めたあとに気づくことになったりすれば最悪です。

テレビの電波状況が悪い地域もあるので、気になるなら確認しておくといいでしょう。

そのエアコンは設備？　残置物？

エアコンの確認も大切です。

設置されているか、いないか？

設置されていないとすれば、どこに設置できるか？

エアコンが設置されていた場合には、**「設備」か「残置物」か、どちらなのかの確認**も忘れないようにしてください。

設備は貸主（大家）が提供しているもので、残置物は前の入居者が残していったものです。

設備であれば、修理や買い替えは貸主側の負担になりますが、残置物であれば、修理

内見で見ておきたいチェックポイント

リビング、寝室

- [ ] 日当たりや風通しはよいか。方位磁石で窓の方角を確かめる
- [ ] 部屋の広さ。家具の大きさをメモしておき、どこに置くか検討
- [ ] コンセントの位置や数
- [ ] 照明の位置や数
- [ ] エアコンが「設備」か「残置物」かを確認
- [ ] 壁紙やフローリングの汚れと破損を確認
- [ ] 上下左右の部屋からの騒音はないか
- [ ] 部屋の中央で手を叩いて、音が反響するか
- [ ] 収納の大きさ
- [ ] ドアや窓はスムーズに開閉できるか
- [ ] インターホンがあるか
- [ ] 靴箱はあるか、大きさは十分か
- [ ] ベランダはあるか
- [ ] ベランダが隣接する建物に接していないか（侵入のリスクがある）

キッチン

- [ ] 料理をするならコンロの口は2つ、しないなら1つでOK
- [ ] 料理する際のスペースは十分か
- [ ] 水道蛇口の水圧
- [ ] 排水口から異臭はしないか
- [ ] 冷蔵庫を置くスペース
- [ ] 収納の扉はスムーズに開閉できるか
- [ ] コンセントの位置や数

トイレ、浴室、水回り

- [ ] 排水口から異臭はしないか
- [ ] シャワーの水圧
- [ ] 脱衣所やトイレの収納
- [ ] 室内に洗濯機置き場があるか。防水パンは自分の洗濯機が置けるサイズか

や買い替えは借主（入居者）の負担になります。

10年以上使っていたようなエアコンで、入居後すぐに壊れたりすれば、自分で買い替えなければならなくなるので、**製造年は必ずチェックしておくべき**です。

製造年が書かれたシールは見えるところに貼られています。

スイッチを入れて、いちど動かしてみることもおススメします。古いエアコンやクリーニングがされていないエアコンなどでは、臭いや異音がすることもあるからです。

最初に確認できていれば、修理やクリーニングの費用は、どちらが負担することになるのかをはっきりさせられます。

製造年が古くても、確認段階で動作に異常がなければ、入居時にエアコンを取り換えてもらうのは難しいかと思います。その場合、それでもその部屋にするかは自分で判断するしかありません。

エアコンとも関係することとして、**電気の契約アンペアを確認**しておくのも重要です。

ひとり暮らしであれば30アンペアあれば、およそ問題はありませんが、古い物件では15アンペアしかないこともあります。

15アンペアの場合、エアコンやドライヤー、電気ケトルなどを同時に使ったときにブレーカーが落ちやすい。

ブレーカーが落ちると電気が止まります。Ｗｉ－Ｆｉルーターの電源が切れてしまえばネットにつなげられなくなり、デスクトップパソコンの電源が切れてしまえば作業中のデータが保存されずに飛んでしまいます。

借主の側では勝手に契約アンペアは変えられないので、古い物件などならブレーカーを見て、確認しておいたほうが安心です。

細かい部分のチェックも大切

フローリングや壁紙に汚れや破損があれば、気づいた段階で指摘して、写真を撮るようにしておくのがいいでしょう。

のちに退去することになったとき、「最初から汚れていたのか、入居してから汚したのか」が問題になる場合もあるからです。

「部屋の真ん中で手を叩《たた》く」こともおススメです。

部屋の防音性を確認するためですが、判断基準を勘違いしている人もいるようです。**音がはね返ってくれば防音性を心配する必要はあまりなく、はね返ってこないほうが問題になります。**音がはね返ってこないのは、その音が壁、天井、床を通って隣接する部屋へと抜けている可能性もあるからです。

不動産会社の担当者には面倒がられるかもしれませんが、手を叩く際にはドアや窓などはすべて閉めてから行うようにしてください。

手を叩かなくても、不動産会社の担当者と話している感覚からも判断できます。この場合、声が部屋全体に響くようだと、防音性は高いと考えられます。

壁を軽くノックして、壁が薄すぎないかを確かめてみるのもいいでしょう。その場合は、いきなり強く叩いたりはしないでください。

収納やベランダも必ずチェック！

収納に関しては、広いか狭いかというだけでなく、**中が臭う場合**もあります。臭いがすると非常に嫌なものなので、そういうことがないかを確認するため、収納はひとつひとつ開けて確かめておくべきです。

臭いの問題だけではありません。

各部屋のドア、キッチンや洗面所の扉、窓など、すべてそうですが、**スムーズな開け閉めができない場合**があります。

こうしたことについても、あとで「あなたが壊したのではないか」と言われることもあるので、ひとつひとつを確かめていくようにしておいたほうが無難です。

ベランダに関していえば、隣接している建物との位置関係によっては、侵入しやすい環境になっている場合もあります。タバコの吸い殻や鳥のフンがないかを見るだけでなく、**〝侵入リスク〟という観点からのチェック**も大切になります。

内見といっても、部屋に入って、全体を見回したかと思うと、すぐに決めてしまう人も多いのですが、最初に「内見は時間をかけてもいいですか」と確認しておくなどして、あとからしまったと思うことがないように、しっかりチェックしておきたいところです。

キッチンを重視するか、キッチンは妥協するか

ひとり暮らし用の部屋では、キッチンが狭いのは仕方がありません。2口コンロがある物件も少ないくらいです。

現実問題として〝自炊はどのくらいするのか〟を考えて、キッチンを重視するか、キッチンについては妥協するかを判断するしかありません。

キッチンを重視しない場合にしても、**水回りだけはチェックしておくべき**です。

不動産屋会社の担当者にひと言断ってから、蛇口から水を出してみるようにしてください。大抵の部屋は、空き部屋として内見できる状態になっていても、水道を止めるようなことはまずしないので、水は出るはずです。チェックしたいのは〝水の出方〟です。

水圧の関係などで、マンションなどでも水の出が悪いこともあるので、そういうことがないかのチェックです。

浴室のシャワーにも同じことがいえます。ちょろちょろ出に近い状態であっても住民の側ではどうにもできず、非常に不便です。そういう物件であれば、やめておくべきです。

排水口から異臭がすることもあるので、シンク下の扉も開けて確認しておくようにするといいでしょう。

キッチンのコンセントはそれほど多くなくてもいいと考えられるかもしれませんが、最低限、**冷蔵庫と電子レンジをどこに置くかを考えて、その電源を取るのに問題はないか**を確認するようにしておきたいところです。

キッチンでもやはり、開けられる扉はすべて開けてみることが大切です。**蝶番《ちょうつがい》部分はとくに壊れやすい**ので、シンク下の扉が壊れていることはよくあります。スムーズな開閉ができるかを確認しておかないと、あとで面倒なことにもなりかねません。

トイレでは便座に座ってみることも大切!?

あまり実行する人はいないかもしれませんが、**トイレではいちど便座に座ってみる**のもいいかと思います。

もちろんズボンなどを穿《は》いたままでかまいません。

便座に座ってみると、ドアが近すぎることがわかる場合があります。

外からは普通にドアを開け閉めできていても、便座に座った状態から立ち上がると、開け閉めに不自由する場合があります。

トイレには毎日、何度となく行くものなので、そのたび苦労をすることになればかなりのストレスです。少し狭いなと感じたときには、そういうことがないかを確認しておくのがいいと思います。

便座にヒビが入っているようなケースもそれなりにあるので、あとの責任問題にならないようにするためにも**便座の裏側まで確認**しておけば間違いがなくなります。

温水洗浄便座があるかないかを重視している人もいるかもしれません。

なかったとしても、自分で取りつけるのは可能です。

特殊な形態の便器でなければ、便座を外して、取り換え設置するだけなので、業者などに工事を依頼しなくても自分で行えます。それほど高いわけではなく、**2〜3万円台でメーカー品**を買えます。ただ、自分で取り換えをした場合、引っ越すまで**古い便座をどこかに保管**しておかなければならないので、少々、厄介な存在になってしまいます。

トイレでは他に、換気扇の具合も見ておくといいでしょう。

浴室にもチェックの盲点がある

浴室に関して、「ユニットバスは避けたい」という人がいます。そういう人は言葉の定義を勘違いしているのだと思います。

ユニットバスは壁や浴槽などのパーツがセットで製造されている様式のことです（システムバスとほぼ同じ意味）。要するに組立て式の汎用《はんよう》タイプのことです。空間として浴室が独立していても、浴槽などがパーツから組み立てられていればユニットバスなので、マンションの浴室はほぼすべてユニットバスだと言っていいことになります。

バス、洗面台、トイレが一体化したものは**「3点ユニットバス」**と呼ばれます。3点ユニットバスはできれば避けたいですが、そこも家賃との兼ね合いです。

やはり3点ユニットバスは、比較的快適な空間もあれば、それぞれの間隔が狭すぎるなど、使い勝手が悪い場合もあるので、そのあたりにも注意が必要です。

バス部分を仕切るシャワーカーテンは、付いている場合と、付いていない場合があります。付いていてもカビが生えているようなこともあるので、よく確認しておきたいところです。それほど高いものではないので、付いていないならむしろそのほうがいいともいえます。

シャワーカーテンは非常にカビが生えやすいものです。そのときは大丈夫でも、住んでいるうちに生えてくることもあるかもしれません。カビの問題に限らず、取り換えてもいいかはあらかじめ確認しておくのがいいでしょう。

こうした備品に限らず、**入居後に自分で何かを取り換えた場合、古いものは残しておく必要**があります。

カビの生えたシャワーカーテンを残しておく必要があれば、便座同様、かなり厄介です。

浴室は、**浴室乾燥機**がついていればかなり便利なものの、家賃との兼ね合いになる部分です。

シャワーに関しては、水の出方を確かめるだけではなく、**排水溝に向かってちゃんと水が流れていくか**も確認しておきたいところです。

古い物件の場合、うまく流れていかないケースがあります。

鏡があるなら、ヒビなどが入っていないか、隅々まで見ておくべきです。

ハウスクリーニングが入っていれば、キレイになっているはずですが、汚れやヒビなどがあれば、その場で指摘しておく必要があります。鏡の汚れはなかなか取れないうえ、ヒビなどを自分の責任にされてしまうと、交換費用はかなり高くなります。

また、前の住民がお風呂《ふろ》場で髪を染めていたりすると、壁などの染みが落ちなくなることもあるので、そういうところも見落とさないようにしてください。

おかしなところは直してもらえるのか？

エアコンの状態が悪かったり、どこかのドアがおかしかったり、鏡が割れていたりしたときは、その場で不動産会社の担当者に**「交換や修理はなされるのか」を確認**します。

自社所有物件でなければ、即答できないことのほうが多いはずなので、「大家さんに聞いてみます」と返される場合がほとんどになるはずです。

そうなったときには、うやむやにしないことが大切！

結果がどうだったかの連絡はすぐにもらえるのが普通です。もし連絡がなければ必ず確認する必要があります。そのうえで契約を結ぶようにします。

家賃を下げられないか、といった相談をした場合も同じです。大家側としては、一日でも早く空き室ではなくしたいので、こうした返事は早いのが普通です。

防音性や耐震性を考えるならRC造

建物の構造についてもしっかりと確認しておくべきです。

第1章でも書いたように、防音性や耐震性に関しては、「鉄筋コンクリート造→鉄骨造→木造」の順になるのが基本です。

鉄骨造には軽量鉄骨造と重量鉄骨造があります。どちらの場合も、柱や梁《はり》などの骨組み部分に鉄骨を用いて、壁などを木にしている造りです。

鉄筋コンクリート造と木造の中間的な性格の建物といえます。

前出の通り、建物による違いはあるにしても、鉄骨造の防音性は木造に近いレベルと考えておいたほうが無難です。

マイソクを見れば、鉄筋コンクリート造か鉄骨造か木造かは書いてあります。

最近は鉄筋コンクリート造のマンションのような外観をした木造アパートなども出てきているので、見た目だけで決めつけないようにしてください。

木造住宅には調湿機能のようなメリットもあるとはいえ、暮らしのなかではやはり防音性を重視したいはず。

集合住宅でもっとも問題になることが多いのは騒音です。

防音性を考えるのであれば、迷わず鉄筋コンクリート造を選びたいところです。

新耐震基準なら安心度は高い！

地震が起きたときのことを考えても鉄筋コンクリート造を選んでおけば、安心度は高くなります。

とくにワンルームマンションなどは、建物の中に仕切りが多いので、建物の支えがしっかりしているとも言われています。

逆に1階部分が駐車場だったりコンビニだったりすると、土台部分の仕切りが少なくなるので、その分だけ構造的に弱くなるとも考えられます。

木造にしても鉄筋コンクリート造にしても、耐震性がどうかを判断する際の最注目ポイントになるのが**「新耐震基準」以前に建てられたのか、以後に建てられたのか、**という点です。

新耐震基準は震度6強〜7程度の揺れでも家屋が倒壊・崩壊しないことを基準にしているのに対して、旧耐震基準は震度5強程度の揺れに対して家屋が倒壊・崩壊しないことを基準にしています。

1995年に起きた阪神・淡路大震災で全壊した建物の多くは旧耐震基準に沿って建てられていたもので、新耐震基準で建てられた建物の7割以上は被害がないか、少なかったことがわかっています。それくらいハッキリとした違いが出ています。

新耐震基準は1981年6月1日から施行されました。

築40年以上経っている建物でなければ新耐震基準に則《のっと》っていると考えていいでしょう。

築40年以上のマンションなどは少ないのではないかと思われるかもしれませんが、意外とそうでもありません。都心では新しいマンションを建てにくいこともあり、古いマンションも少なくないのです。築40年以上でも耐震補強工事をしている場合もあるので、そのあたりについても確認しておきたいところです。

住み心地よい、理想の町はどこ？

会社や学校までの近さか、駅までの近さか

部屋探しをする前段階の話に戻りますが、部屋探しの際にはまず、**「どの町に住むか？」**を考えることになります。

多くの場合、通学通勤を考えての利便性をまず考えたうえで、住みやすい町、人気の町などから絞っていくのだと思います。

個人的には、会社や学校から多少離れることになっても**〝駅近かどうか〟を優先して検討するのがいいのではないか**と考えています。

多くの人は平日は毎日、駅まで通うことになるわけです。歩くのは体にいいという考え方はあるにしても、毎日のことになれば駅から遠いのは不便です。

駅まで急がなければならないこともあれば、雨が強い日もあります。駅から遠いとい

うことは、町の中心から離れていくことになるので、防犯の意味でも危険は大きくなります。

そう考えたなら、多少、家賃が高くなっても、駅に近い物件の利点は大きい。駅に近い物件が人気で、すぐに決まっていきやすいのはそのためです。

会社や学校までの電車はつらくないか？

駅近であることは大切ながら、都心部などではやはり、**電車の所要時間や混雑状況**についてもよく考えるべきです。

毎朝、悲鳴をあげたくなるような満員電車に乗らなければならなくなるケースもあるので、自分の通勤通学時間に電車がどのような混雑度になるかは確認しておきたいところです。

最寄り駅が地上駅と地下鉄ではどちらがいいかと迷う人もいるようですが、優先すべきは通勤通学の利便性の部分になるのでしょう。電車の所要時間だけでなく、遅延が多い路線かどうかも確認しておくといいかと思います（東京メトロ千代田《ちよだ》線、JR中央線、JR総武《そうぶ》線などは遅延が多い、というデータも出ています）。

マイソクには「○○駅まで徒歩○分」とも書かれていますが、この情報は通常、物件から駅の入り口までの距離から計算されます。

駅の入り口から階段を下りていき、ホームに行くまでにはかなりの時間を要する駅もあります（都営地下鉄大江戸線などがとくにそうです）。

駅まで徒歩5分だとされていても、電車に乗るまでには待ち時間を考えなくても10分以上かかることなどもあります。

そういう点については部屋を決める前にしっかりと確認しておく必要があります。「駅まで徒歩何分」という情報は**「徒歩1分の移動距離は80メートル」**ということから計算されます。どれくらい信号があるか、つらい坂道などはないか、といったことは計算に入れられていません。実際に歩いてみて出された数字ではないので、それより時間がかかる場合もあると考えておいたほうが無難です。

徒歩15分だったりすれば、許容範囲と思われるかもしれませんが、距離にすれば1・2キロです。東京なら、ひとつの駅から次の駅へと歩けるくらいの距離です。なかなか大変だということはよく理解しておいたほうがいいでしょう。

どの町、どの駅を選ぶか

あくまで参考として書いておけば、東京の町では、やはり今も**吉祥寺**《きちじょうじ》**などが人気**（吉祥寺は23区ではなく武蔵野市《むさしの》）です。

吉祥寺駅ならJR中央線快速で新宿《しんじゅく》駅まで約15分、東京駅まで約30分です。通勤通学に時間がかかりすぎるというほどではないのでしょうが、この距離をどう捉《とら》えるかでも個人差があるかもしれません。

ひとり暮らしならではの傾向といえるかもしれませんが、**新宿、渋谷**《しぶや》**、池袋**《いけぶくろ》など、都心の象徴である駅（町）も人気のようです。アクセス面も重視されているのだと考えられます。

JR山手線や周辺の駅では**恵比寿**《えびす》**、目黒**《めぐろ》**、中目黒**《なかめぐろ》などのブランドイメージが高いといえます。

中野《なかの》もJR中央線快速で新宿駅まで約5分、東京駅まで約20分とアクセスがいいうえに個性的な町なので、人気があります。

若者でいえば、吉祥寺は女性人気が高く、中野は男性人気が高いといえるでしょうか。

中野、高円寺《こうえんじ》、阿佐ケ谷《あさがや》あたりは芸人さんや役者・ミュージシャン志望の人たちが多く住んでいることでも知られています。

アクセスがいいのに家賃が安い、住みやすい町は？

インターネットで検索すれば、「住みたい町」、「住みやすい町」といったランキングがさまざまなかたちで提示されています。そうしたものを見てみれば、「住みたい町」と「住みやすい町」では、傾向がかなり違ってくるのもわかるはずです。

全長1キロ以上ある商店街が売りになっている**戸越銀座《とごしぎんざ》**も人気のようです。最寄り駅は東急池上《いけがみ》線の戸越銀座駅、都営地下鉄浅草《あさくさ》線の戸越駅になります。池上線は五反田《ごたんだ》駅と蒲田《かまた》駅を結び、浅草線は西馬込《にしまごめ》駅と押上《おしあげ》駅を結んでいるうえ、多くの路線と接続があります。

「おススメ穴場駅」を次のページで表にして出しておきます。あくまで個人的見解です。都心へのアクセスが悪くないのに、比較的、家賃が安く、お店なども充実している、という観点から選んでみました。

表に挙げなかったなかでいえば、**川崎《かわさき》駅周辺も人気が高い**といえます。

川崎駅周辺は雑多な雰囲気になっているとはいえ、都心に通勤通学するには便利で（JR東海道線で川崎駅―品川《しながわ》駅が約10分、川崎駅―東京駅が約20分）、家賃も安いので、ひとり暮らしに向いていています。最近はひとり暮らし向けの物件が増えてきました。

川崎はすでに郊外とはいえないのかもしれませんが、**少し郊外に行くと、家賃はずいぶん安くなります。**アクセスが不便でなければ、都心から少し離れた駅の駅近物件を探すのもいいのではないかと思います。

ひとり暮らしであっても、1LDKクラスの部屋に住めたなら、言うことはないはずです。川崎駅周辺などなら1LDKで10万円前後の物件もあります。

都心の人気の町ならその家賃はまず考えにくい。1LDKなら15〜20万円くらいが相場になってきます。

そしてまた、都心のマンションの住み心地がいいとは限りません。都心の人気の町で、マンションが建ち並んでいるようなところでは、日当たりが悪い場合も多く、低層階の部屋だとかなり寒々しい思いをすることなどもあります。

郊外を選ぶか、都心を選ぶかは、何を優先するかによるのでしょう。

おススメ　穴場駅

駅名	家賃相場	主要アクセス
十条駅	7万円から8万円	JR埼京線で池袋駅まで約7分
小岩駅	6万円から7万円	JR総武線快速で東京駅まで約20分
練馬駅	6万円から8万円	西武池袋線で池袋駅まで約10分
江古田駅	7万円から8万円	西武池袋線で池袋駅まで約6分
下高井戸駅	7万円から8万円	京王線で新宿駅まで約10分
上井草駅	6万円から7万円	西武新宿線で西武新宿駅まで約25分
成増駅	7万円から8万円	東武東上線急行で池袋駅まで約10分
落合駅	7万円から9万円	東京メトロ東西線で大手町（東京）駅まで約18分
上中里駅	6万円から8万円	JR京浜東北線で東京駅まで約20分

※家賃相場はワンルーム、1Kの物件
出典：「LIFULL HOME'S」「SUUMOジャーナル」の各サイトを元に著者が算出

東京都では**「危険地域度一覧表」**も出しています。

「建物倒壊危険度」、「火災危険度」を数値化したもので、木造住宅が密集しているところなどの危険度が高くなる傾向が見られます。

また、河川に近い地域についてなどは、各自治体が作成しているハザードマップを確認し、あらかじめ危険性を知っておくことも大切です。

気になる人はこうしたものも参考にしていいかもしれません。

部屋選びも大切ですが、町選びも大切です。

主に都心部について書きましたが、他

の地域でも同様の傾向や、様々な特徴があるかもしれません。じっくり考えてみるとよいのではないでしょうか。

第5章

必ず押さえたい！賃貸借契約の基礎知識

契約の前に知っておきたいこと

「重要事項説明義務」と事故物件

最終章では新しい部屋を借りる場合の「契約などに関する注意」や、これまで住んでいた部屋を退去する際の「敷金、追加修繕費の問題」などについてまとめておきます。

マンションなどの賃貸借契約を結ぶ際には、仲介業者から**「重要事項説明」**を受けます。

ここでいう重要事項には、「建物の構造」や「耐震診断の内容」なども含まれます。「家賃のほかに必要な金銭」、「契約期間と更新の内容」などもそうです。

要するに、必ず知っておくべき建物に関する基本情報や、契約段階や入居後必要になる費用などについては、**仲介業者があらかじめすべて説明しておく義務**があるということです。

借主の側では、通り一遍の説明だろうという考えから、きちんと聞いていなかったり、説明書に目を通していなかったりすることも多いのですが……、説明された内容は必ずよく理解しておくべきです。それさえ怠らないようにしていれば多くのトラブルはふせげます。


あまり意識していない人もいるかもしれませんが、**「事故物件」には告知義務**があります。

事故物件とは、自殺や他殺などが発生していた物件のことです。

では、そもそもどういう物件に告知義務があるのでしょうか?

国土交通省のガイドラインにあるのは次の項目です。

①殺人、自殺、事故による死亡
②特殊清掃や大規模リフォームなどが行われた場合
③買主、借主から事案の有無を問われた場合

④社会的影響の大きさから買主、借主に伝えておくべきと判断した場合

老人の孤独死などは①にはあたりませんが、発見が遅れるなどして「②特殊清掃や大規模リフォームなどが行われた場合」はやはり告知義務が発生します。

③にあるように借主から「住民の死亡案件などはなかったか?」と質問された場合も正確に答える必要があるので、気になる人はその確認をしておくといいでしょう。

賃貸物件の場合、告知義務は「概《おおむ》ね3年」とされているので、それ以前の事故については説明されないこともあります。ただし、借主からの問い合わせや社会的影響が大きい事件の場合は、経過年数にかかわらず告知が必要です。

事故物件については、借り手が見つけにくいということから、**相場よりかなり抑えた家賃**で貸し出されることもあります。経済的理由などからそういう物件を探す人もいますが(稀《まれ》に好奇心からそういう物件を探す人もいるようです)、普通の人なら住んでいて気持ち良くはないだろうと思います。

事故物件情報サイトもあるので、住みたい場合も、避けたい場合も、気になる人は参考にしてみるといいかもしれません。

マイソクを見るときはここにも注意

多くの部分は重要事項説明を受けることになりますが、マイソクを見る段階から気をつけておいたほうがいいポイントもいくつかあります。

家賃のほかに**「管理費」**、**「共益費」**が必要になるケースも多いので、その部分の確認は絶対にしておくべきです。

また、多くの場合、「契約期間＝2年間、更新可」などと書かれているものですが、稀に**「更新不可」の物件**もあるので（部屋のオーナーの転勤中のみ貸し出されるケースなど）、その確認をしないまま契約してしまうと、初期契約期間以上は住めなくなります。

「保険会社：指定の保険会社加入必須」、「家財保険：要加入」などと書かれている場合にも、指定の会社でなければいけないのか、保険料はいくらなのかの確認は絶対必要です。

「鍵《かぎ》交換代＝1万5000円」、「抗菌費用＝1万2000円」などとあれば、それは必須なのか、どのような作業が行われるのかの確認をしておくべきです。

「24時間サポート」あるいは「緊急対応費」といった名目で金額が書かれている場合もあります。鍵や水回りのトラブルなどに対応してくれるものです。加入は必須なのか任意なのか、費用は定額なのか、サービスを受けるたびに別料金が発生するのかといったことも確認しておくようにするといいでしょう。

マイソクの下部分には、不動産会社の情報や他の特記事項などが書かれています。複数の不動産会社が同じ物件を扱っている場合は、礼金、敷金、手数料などがここに書かれていて、不動産会社によって設定が違う場合もあるので要注意です。先に解説した「自社管理物件」、「ＡＤ１」などの情報もこの欄に書かれている場合が多いです。

礼金、敷金、仲介手数料、家賃がすべてだとは思い込まず、最初に必要となる費用、月々払う必要がある金額はすべて確認しておくことです。

そういう類《たぐ》いの費用とは性格が異なりますが、ガスが都市ガスなのかプロパンガスなのかもマイソクで確認できる場合が多いので、チェックしておきたいところです。

一般論としていえば、**プロパンガスだと毎月の料金が高くなりがち**です。

礼金2か月分＋敷金2か月分は、絶対ではない！

部屋が決まれば審査・契約となります。契約に移る前には、不動産会社に提示された額から「初期費用をもっと抑えられないか」ということを確認してみるのもいいかと思います。

礼金2か月分、敷金2か月分がおよそ固定されているようにもなっていますが、礼金を取らない契約もあります。

また、貸主が礼金は1か月分でいいと言っているのに不動産会社が勝手に2か月分にしていることもあります。

相見積もりを取ることで真相がわかることもあります。本来、礼金は貸主が受け取るお金なので、勝手に金額を変えているとすれば、かなり悪質です。

そうしたケースに限らず、礼金、敷金についても**値下げ交渉の余地**はあるものと考えてかまいません。

仲介手数料も家賃の1か月分が一般化していますが、**仲介手数料の原則は家賃の0・**

5か月分なので、やはり交渉の余地はあります。

更新料については、「2年ごとの更新で、そのつど更新料が家賃1か月分」が一般的になっているとはいえ、絶対のものではありません。提示された更新料を認める契約を結べば支払い義務が生まれるものの、契約段階で交渉してみてもいい部分です。

家賃の値下げ交渉もやってみる価値あり!?

家賃や共益費に関しても値下げ交渉はできますが、家賃の値下げよりも意外と受け入れてもらえる可能性があるのが**フリーレント**です。

フリーレントとは1か月分や2か月分など、家賃を無料にしてもらうことです。

そこまでは望まなくても**「契約後最初の家賃となる日割り部分をなくしてもらえないか」**と交渉してみる手もあります。

家賃そのものを値下げすれば、2年間かそれ以上、マイナスが続くのに対して、日割り部分だけをサービスするなら、その期間だけの話になります。そのため家賃を下げるよりはいいと考える貸主もいるようです。

火災保険、害虫駆除や室内消毒費用なども、言われたまま払うことはないので、毅然《きぜん》とした態度で交渉に臨むようにしてください。

仲介業者の強制を受けず自分で保険に加入したり、害虫駆除などといった曖昧《あいまい》なことについては断ってもいいのです（それでは契約できないと言われたなら、判断は自分次第です）。

また、以前は部屋を借りるときには連帯保証人を立てなければならないケースが多かったのですが、最近は連帯保証人は求められず、入居者の家賃を保証する保証会社をあいだに立てるケースが増えてきました。

そこで必要になるのが**保証会社加入料**です。

保証会社に加入する法的義務はないものの**保証会社の利用が入居条件として打ち出されていたなら拒否は難しい。**拒否をすれば審査を受けられないことになるので、その部屋に住むのはあきらめるしかなくなります。

ただし、保証会社との契約内容はよく確認しておくべきです。

保証会社加入料の相場は、家賃の50％程度です。

仲介業者が上乗せしているケースなどもあるので、よく確認しておくこと。加入料があまり高額であれば、その不動産会社を利用するのをやめるのもひとつの選択です。

内見から契約まで、注意点が多いので面倒だと思われるかもしれません。しかし、そこを軽視してしまうと理想の部屋づくりはできなくなります。

一生のうちに何度もあることではないので、妥協はしないようにしてください。

鍵交換は大家側が行うべきこと

契約時にはオプション関係の問題も出てきます。

先に挙げた違反例のなかには「鍵交換費用をとるのに広告には不記載」というものもありました。**鍵交換は本来、貸主側が行うべきこと**です。入居者が替わる際、防犯の意識から鍵を換えるわけなので（前の入居者が合い鍵などを持っていてもおかしくないため）、物件管理上の問題になります。

そのため、国土交通省がまとめた「原状回復をめぐるトラブルとガイドライン」のなかでも〝賃貸人が負担することが妥当〟とされています。

鍵交換費用が求められる場合は、安心していられるようにするためのオプション（特約）にあたるはずなので、賃貸借契約書の特約条項に記載がなければ、断ることもでき

賃貸の初期費用を安くする方法

敷金・礼金	家賃・共益費	仲介手数料
値下げ交渉の余地あり	値下げ交渉の余地あり	原則家賃の0.5か月分
特に礼金は不動産会社が勝手に上乗せしている場合があります。複数の不動産会社から相見積もりを取りましょう。	値下げ交渉を見越して高めの設定になっていることも。値下げの代わりに1～2か月のフリーレントをお願いするのも有効。	入居希望者の同意がなければ1か月分の請求はできません。1か月分を請求された場合、必ず複数の不動産会社から相見積もりを取りましょう。

保証会社加入料	火災保険	害虫駆除・室内消毒
契約内容を確認	自分で加入する	きっぱりと断る
相場は家賃の50%程度。不動産会社が勝手に上乗せしている場合があります。必ず契約内容を確認しましょう。	不動産会社が指定してくる2年間で2万円以上の保険は高すぎます。自分で安い保険に加入したいと伝えましょう。	市販の害虫駆除剤や消臭剤を使うだけで、不動産会社が2万円とるという事例も過去にありました。

ると考えていいわけです。

ここでも性善説が通用しないという話になりますが、鍵交換費用を請求しておきながら、実際は鍵交換をしていないケースもあり得ます。そうであるなら完全なる詐欺行為です。

断れるオプションもある

「消臭抗菌代」（室内抗菌費用）が求められる場合もあります。

これも法律で定められているようなことではなくオプションの一種です。

消臭抗菌代として1万円以上のお金を取っておきながら、消臭スプレーを部屋に振り撒《ま》くだけで終わり、というようなケースもあります。その場合、強力なスプレーが使用されているのだとしても、同等のものはアマゾンなどでも買える場合がほとんどです。

そんなレベルのことに対してお金を払いたくないと思えば、断ればいいのです。

鍵交換にしても、消臭抗菌にしても、作業現場に立ち会わせてもらいたいと申し出る手もあります。

オプションを断ることが認められず、作業現場への立ち会いも認められない、というのであれば、そもそも良心的な不動産会社だとはいえません。たとえ魅力的な物件に感じられたとしても、契約しない選択をするのが無難です。

同じ物件であっても家賃などが違うことはあると書きましたが、オプションの設定もやはりそうです。**ある不動産会社はほとんどオプションがない設定をしているのに、別の不動産会社はかなり悪質な上乗せをしているようなケース**もないとはいえません。

不動産会社から必要な金額を知らされたときには、そんなものか、と思ってしまう人が多いものですが、こうした点においても慎重であるべきです。

現在の住まいをスムーズに退去するには

部屋を〝退去する際〟には、費用負担をめぐるトラブルが多発！

最後に「部屋を退去する際の注意」についてもまとめておきます。

①解約予告期間をよく確認しておくこと
②可能な限りキレイに掃除をして退去すること
③敷金の返却、追加の原状回復費用などについては仲介業者の言い分がすべてではないので、不要な請求がないかをよく確認すること

この3項目が基本になります。

部屋の原状回復をする際、貸主の負担にするべきか、借主の負担になるかを分けた、国土交通省による**「原状回復をめぐるトラブルとガイドライン」（損耗・毀損《きそん》の事例区分／部位別）**も出されています。

そうしたガイドラインなどをもとに「賃貸人・賃借人の修繕分担表」もまとめておきました。

基本的な考え方として、民法では**「経年変化」と「通常損耗」については賃貸人（大家側）が修繕義務**を負い、**「賃借人の責めに帰すべき事由」によって修繕が必要となった場合は賃借人（入居者）の負担**になります。

経年変化とは、年数の経過によって当然に生じる建物の変化です。

通常損耗とは、建物を使用するに当たって自然に生じる損耗です。

一般的に「畳の変色やフローリングの色落ち」、「壁の画鋲《がびょう》やピンなどの穴」、「エアコン設置による壁のビス穴」などは経年変化・通常損耗の範囲内とみなされます。

一方、「賃借人の不注意による畳の変色、フローリングの色落ち」、「タバコのヤニや臭い」、「壁の釘《くぎ》穴、ネジ穴」、「ペットによる柱の傷や臭い」、「落書きなどの毀損」、「クーラーからの水漏れなどを原因とする壁の腐食」などについては賃借人の責めに帰

賃貸人・賃借人の修繕分担表

賃貸人の負担となるもの	賃借人の負担となるもの
床（畳・フローリング・カーペットなど）	
1　畳の裏返し、表替え（特に破損していないが、次の入居者確保のために行うもの） 2　フローリングのワックスがけ 3　家具の設置による床、カーペットのへこみ、設置跡 4　畳の変色、フローリングの色落ち（日照、建物構造欠陥による雨漏りなどで発生したもの）	1　カーペットに飲み物等をこぼしたことによるシミ、カビ（こぼした後の手入れ不足等の場合） 2　冷蔵庫下のサビ跡（サビを放置し、床に汚損等の損害を与えた場合） 3　引越し作業等で生じた引っかきキズ 4　フローリングの色落ち（賃借人の不注意で雨が吹き込んだことなどによるもの）
壁、天井（クロスなど）	
1　テレビ、冷蔵庫等の後部壁面の黒ずみ（いわゆる電気ヤケ） 2　壁に貼ったポスターや絵画の跡 3　壁等の画鋲、ピン等の穴（下地ボードの張替えは不要な程度のもの） 4　エアコン（賃借人所有）設置による壁のビス穴、跡 5　クロスの変色（日照などの自然現象によるもの）	1　賃借人が日常の清掃を怠ったための台所の油汚れ（使用後の手入れが悪く、ススや油が付着している場合） 2　賃借人が結露を放置したことで拡大したカビ、シミ（賃貸人に通知もせず、かつ、拭き取るなどの手入れを怠り、壁等を腐食させた場合） 3　クーラーから水漏れし、賃借人が放置したため壁が腐食 4　タバコ等のヤニ・臭い（喫煙等によりクロス等が変色したり、臭いが付着している場合） 5　壁等のくぎ穴、ネジ穴（重量物をかけるためにあけたもので、下地ボードの張替えが必要な程度のもの） 6　賃借人が天井に直接つけた照明器具の跡 7　落書き等の故意による毀損
建具等、襖、柱等	
1　網戸の張替え（破損はしていないが、次の入居者確保のために行うもの） 2　地震で破損したガラス 3　網入りガラスの亀裂（構造により自然に発生したもの）	1　飼育ペットによる柱等のキズ・臭い（ペットによる柱、クロス等にキズが付いたり、臭いが付着している場合） 2　落書き等の故意による毀損
設備、その他	
1　専門業者による全体のハウスクリーニング（賃借人が通常の清掃を実施している場合） 2　エアコンの内部洗浄（喫煙等の臭いなどが付着していない場合） 3　消毒（台所、トイレ） 4　浴槽、風呂釜等の取換え（破損等はしていないが、次の入居者確保のために行うもの） 5　鍵の取換え（破損、鍵紛失のない場合） 6　設備機器の故障、使用不能（機器の寿命によるもの）	1　ガスコンロ置き場、換気扇等の油汚れ、すす（賃借人が清掃・手入れを怠った結果汚損が生じた場合） 2　風呂、トイレ、洗面台の水垢、カビ等（賃借人が清掃・手入れを怠った結果汚損が生じた場合） 3　日常の不適切な手入れもしくは用法違反による設備の毀損 4　鍵の紛失または破損による取換え 5　戸建賃貸住宅の庭に生い茂った雑草

出典：国土交通省「原状回復をめぐるトラブルとガイドライン（再改訂版）」（平成23年8月）

すべき事由とみなされることが多くなります。

設備ごとにみた**耐用年数のガイドライン**もあります。

たとえば壁紙（クロス）などは耐用年数が6年とされていて、壁紙を取り換えることになった場合の負担割合は入居期間によって変わってきます。

1年では、入居者5対大家1。

2年では、入居者4対大家2（入居者2対大家1）。

3年では、入居者3対大家3（入居者1対大家1）。

4年では、入居者2対大家4（入居者1対大家2）。

5年では、入居者1対大家5。

6年以上になれば入居者の負担はゼロになるルールです。

では、6年を超えれば壁紙には好きに落書きをしてもいいのかといえば、さすがにそんなことはありません！　国交省のガイドラインでも「耐用年数を超えた設備でも入居者は『善良な管理者』として注意を払って使用する義務がある」となっています。

何年住んでいようともムチャな使用が許されるわけではないのです。

設備等の経過年数と借主負担割合（耐用年数5、6、8、15年 定額法の場合）

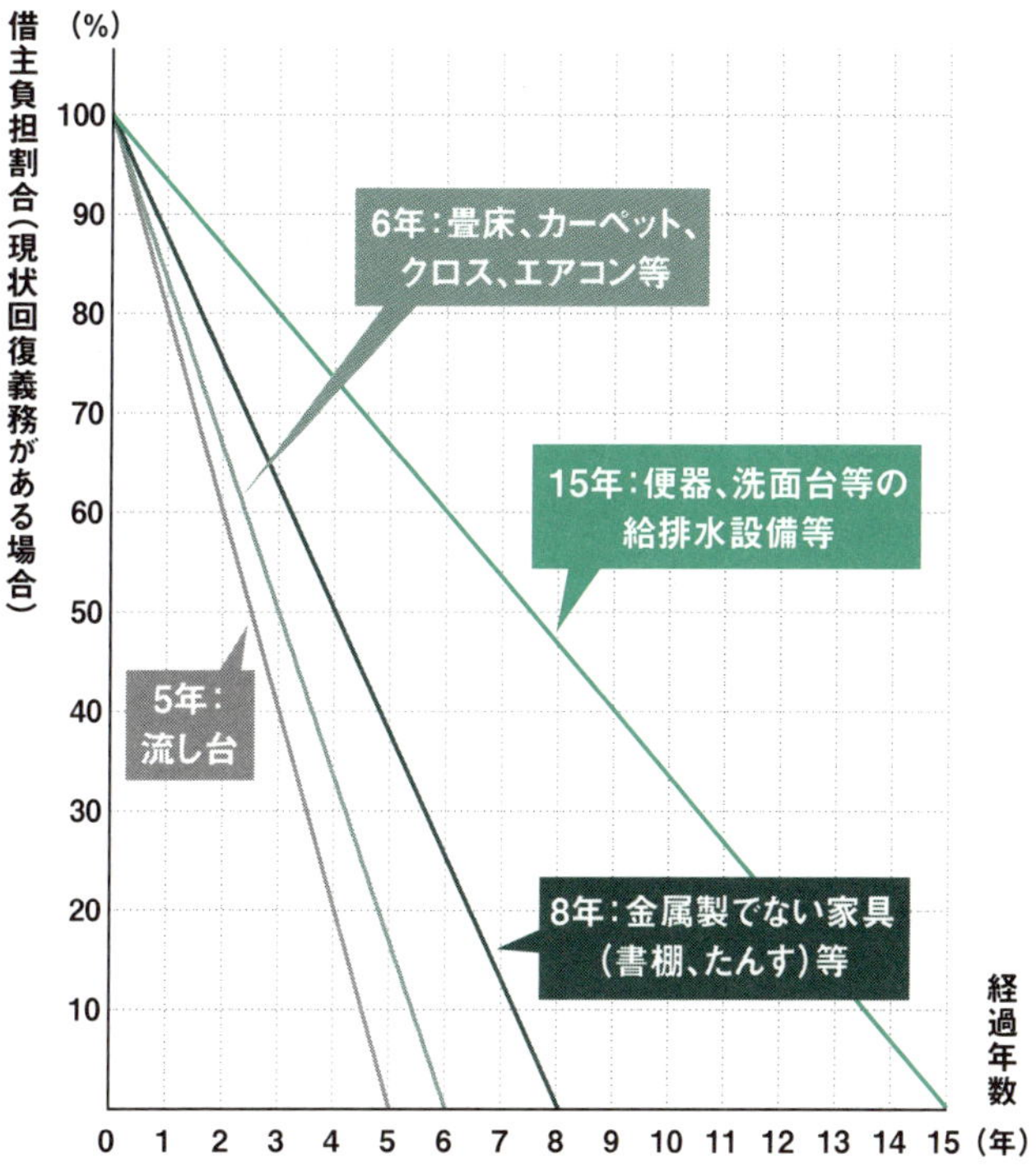

<参考> 設備、建具等の耐用年数の例

耐用年数5年……流し台

耐用年数6年……畳床、カーペット、クッションフロア、壁（クロス）、冷暖房用機器（エアコン、ルームクーラー、ストーブ等）、電気冷蔵庫、ガス機器（ガスレンジ）、インターホン

耐用年数8年……主として金属製以外の家具（書棚、たんす、戸棚、茶ダンス）

耐用年数15年……便器、洗面台等の給排水・衛生設備、主として金属製の器具・備品

※ユニットバス、浴槽、下駄箱等建物に固着して一体不可分なものは当該建物の耐用年数を適用

出典：東京都「賃貸住宅トラブル防止ガイドライン　第4版」（参考：国土交通省「原状回復をめぐるトラブルとガイドライン〈再改訂版〉」）

流し台は5年、畳床は6年など、個々の規定についても覚えておくといいでしょう。

交渉？　それとも調停？

不動産会社のなかには、汚れなどのすべてを借主の責任にしてしまい、高額のクリーニング費用、交換費用を請求してくることもあるので、修繕分担や耐用年数に関する知識をもっておくことは大切です。

東京都がまとめた**「賃貸住宅トラブル防止ガイドライン」**（国交省のガイドラインを参考に作成）**は無料ダウンロード**もできるので、前もって読んでおくだけでなく、不動産会社との交渉のなかで持ちだしても効果はあるはずです。

場合によって**民事調停の申し立て**をする方法もあります。

民事調停は弁護士に依頼することなくひとりで手続きすることができ、訴訟に比べて費用が安く済みます。相手に非があるという自信があるなら、払わないでいいお金は払わずに済みます。

こちらが何も知らないというふうに思われてしまうと、なんでもかんでも請求してくる不動産会社もなくはありません。

多くの人は、出て行くときに必要となる経費は敷金と相殺されるものだと思っているのでしょうし、実際にそうなる場合が多いのは確かです。しかし、そうした慣習は絶対ではありません。

敷金では足りないということから**「追加費用」を請求される場合**もあります。

一方で、退去後にどういう作業を行い、どれだけの費用がかかったかを明確にしていくことで**敷金が戻ってくる場合**もあるのです。

常日頃からのお掃除が最後にモノをいう！

退去時にはそうしたところから駆け引きも出てくるわけですが、できれば誰だって争いごとなどはしたくないはずです。

その意味も含めて、**可能な限りキレイに掃除などをして退去すること**です。

ガスコンロ置き場や換気扇などの油汚れ、日常的な掃除を怠っていたことに起因する風呂《ふろ》やトイレ、洗面台の水アカ、カビなどについては賃借人（入居者）の負担になります。

キッチンの汚れを落とすことができず、シンク交換となれば、それだけで10万円ほどになることもあります。

引っ越しには多くのお金がかかるのですから、そうした出費を抑えたいのは当然です。第2章で紹介したアイテムなどを使って、日頃からマメに掃除をしておいたうえで、退去時にもう一度、気合を入れて掃除をすれば、そうしたクリーニング代などを請求されずに済むケースが増えるはずです。

絶対のNG！　退去時における最重要ポイントは？

最後に絶対的な注意をひとつ！

退去時に不動産会社担当者の立ち会いがあった場合には、**どのような書類を出されても安易にサインはしない**ようにすべきです。

そのサインによって、あらゆる退去費用を受け入れることにもなりかねないからです。

何が書いてあるかをしっかりと読んで、納得できた場合に限ってサインするようにしてください。

賃貸借契約においては、貸主か借主かどちらかが優位になるということはありません。退去時はとくに相手の顔色を窺《うかが》う必要もないのです。

あまり攻撃的な態度をとっていれば、相手を興奮させてしまう可能性もないわけではありませんが、なんでも言いなりになる必要はありません。

納得しにくい請求をされたようなときにはとりあえず、**「専門家に相談してみます」**などと返しておいて、すぐにはサインしない方向に持っていくのがいいかと思います。

部屋を決めるときにも、部屋を出て行くときにも、知っておくべきことはたくさんあります。

知らないために損をしたり嫌な目にあったりしないためにも、この本にまとめた情報を役立ててもらえたなら幸いです。

より多くの人たちが理想の部屋に住めるようになることを切に願っています。

主要参考文献・サイト一覧

・「日本の将来推計人口（令和5年推計）」国立社会保障・人口問題研究所
https://www.ipss.go.jp/pp-zenkoku/j/zenkoku2023/pp_zenkoku2023.asp
・「原状回復をめぐるトラブルとガイドライン（再改訂版）」国土交通省住宅局
https://www.mlit.go.jp/jutakukentiku/house/torikumi/honbun2.pdf
・「賃貸住宅トラブル防止ガイドライン　第4版」東京都
https://www.juutakuseisaku.metro.tokyo.lg.jp/juutaku_seisaku/tintai/310-6-jyuutaku.pdf?2022=
・「動物由来感染症ハンドブック２０２４」厚生労働省
https://www.mhlw.go.jp/content/10900000/000906241.pdf

こう

大学医学部を卒業後、勤務医として働きながら、賃貸オーナーとして活動中。首都圏に10部屋のマンションを所有。2021年賃貸不動産経営管理士試験合格。11回の引っ越しで数々の失敗を経験し、世の中に部屋の選び方やつくり方の情報が少ないことに気づく。入居者の役に立つことを目指し、2022年2月からX（Twitter）で「最高のお部屋」をテーマに発信を続けている。Xのフォロワー数は13万人を突破。大手不動産会社にもセミナー講師として招かれ、忖度のない講演内容に定評がある。

X：@FPkinmui

ひとり暮《ぐ》らし大全《たいぜん》
自分空間《じぶんくうかん》を整《ととの》えれば人生《じんせい》は好転《こうてん》する！

2024年９月28日　初版発行

著者／こう

発行者／山下直久

発行／株式会社KADOKAWA
〒102-8177　東京都千代田区富士見2-13-3
電話　0570-002-301（ナビダイヤル）

印刷所／TOPPANクロレ株式会社

製本所／TOPPANクロレ株式会社

●お問い合わせ
https://www.kadokawa.co.jp/（「お問い合わせ」へお進みください）
※内容によっては、お答えできない場合があります。
※サポートは日本国内のみとさせていただきます。
※Japanese text only
定価はカバーに表示してあります。

ISBN 978-4-04-607151-4　C0077